国家出版基金项目
NATIONAL PUBLICATION FOUNDATION

"十四五"时期国家重点出版物出版专项规划项目

"认识中国 · 了解中国"书系

数字解读中国

贺耀敏　甄　峰　著

中国的发展坐标与发展成就

UNDERSTANDING CHINA THROUGH FACTS AND FIGURES

THE COORDINATES AND ACHIEVEMENTS OF ITS DEVELOPMENT

中国人民大学出版社
· 北京 ·

本书是北京市哲学社会科学重点项目“十八大以来我国改革发展的历史性变革与新时代的主要矛盾研究”（17KDA043）阶段性成果、中国人民大学重大项目“中国共产党百年经济理论与实践的政治经济学研究”阶段性成果。

目　录

序

40多年来，中国经济建设和发展走过了极其不寻常的历程，经济体制改革和对外开放取得了举世瞩目的成就，中国发展道路的探索积累了宝贵的成功经验。中国经济发展创造了自工业革命以来世界经济发展的奇迹，中国经济发展的轨迹成为国内外许多人渴望了解的“世纪之谜”。

一 经济增长：GDP的重要性

国内生产总值（GDP）是一定时期内（通常为一年或一个季度），一个国家或地区经济运转中所创造的全部最终产品和劳务的价值总和，常被视作衡量一国或一地区经济状况和发展水平的代表性指标。

二 收入分配：你的收入提高了多少

收入水平反映一个国家或地区居民的生活水平。改革开放以来，我国城乡居民收入水平大幅提高，特别是 21 世纪以来城乡居民收入提高速度进一步加快。

三 物价：过高过低都不好

消费者价格指数（CPI）是一个反映居民家庭一般购买的消费价格水平变动情况的宏观经济指标。它也是进行经济分析和决策、价格总水平检测和调控及国民经济核算的重要指标。CPI 的变动率在一定程度上反映了通货膨胀或者通货紧缩的程度。

四 消费：赚钱为什么

消费是社会再生产过程中的一个重要环节，也是最终环节。在我国社会主义制度下，社会生产的目的是满足人们日益增长的美好生活的需要，因而消费是推动社会生产发展的强大动力。

五 投资：怎样才能让钱生钱

根据经济学中的乘数原理和加速原理，投资的增长会带来若干倍国民收入的增长，而国民收入增长又会促进投资，如此反复循环，使得国民收入和投资双双加倍增长，最终反映在经济发展中。相反地，如果投资减少也会带来数倍的国民收入减少，抑制经济发展。

六 进出口：互通有无、互利互惠

中国的发展离不开世界，世界的发展也离不开中国。2019 年中国以 4.58 万亿美元的进出口总额继续超越美国的 4.21 万亿美元再次蝉联世界第一大贸易国的桂冠。而在 2000 年时我国进出口总额仅为 4 743 亿美元，在 2000—2019 年，其每年以平均 12.7% 的速度增长。

七 能源资源：『柴米油盐』第一件

我国取得的经济成就令世界瞩目。中国经济像一辆高速运行的火车，而能源则为其输送源源不断的动力。经济高速发展的同时，中国已经成为世界上最大的能源生产、消费国，形成了煤炭、电力、石油、天然气、新能源、可再生能源全面发展的能源供应体系，在国际能源市场上的地位愈发重要。

八 金融：一个『高大上』的行业

我国金融市场改革有序、稳步向前推进。国有银行顺利上市，根据标准普尔全球市场研究机构（S&P Global Market Intelligence）发布的截至 2019 年 4 月的全球银行资产排名，中国四大国有银行包揽前四名，中国工商银行以 4.03 万亿美元资产问鼎。

九 基础设施：每天都在用

广义的基础设施既包括公路、铁路、水运、航空、通信、供电、供水等生产生活所需基础设施，也包括教育、医疗、科技、体育及文化等社会基础设施。基础设施既关系到建设与发展，也关系到民生，是经济社会发展的基础和必备条件，同时也关系到人们生活的方方面面。

十 社会福利：我们的当下与未来

健康、教育和生活是人们的基本需求，联合国在此基础上定义和测算了全球经济体的人类发展状况。中国是一个人口大国，所面临的健康、教育和生活等方面的问题和困难也远远大于世界其他国家。尽管如此，中国仍然在这些方面做了大量的努力。

十一 『一带一路』：新起点、新机遇

“一带一路”是“丝绸之路经济带”和“21世纪海上丝绸之路”的简称。它借用了古代中国与世界交往的“丝绸之路”之名，是新时代中国加强与世界联系的重要倡议，它以和平与发展为主线，积极发展与沿线国家或地区的经济合作，共同寻找战略机遇，推动建立政治互信、经济融合、文化包容的利益共同体、命运共同体和责任共同体。

后记

序

中华人民共和国的成立是20世纪中叶以来世界最重大的事件。一个长期处于半殖民地半封建社会的旧中国从此进入社会主义的新中国，从而进入了快速发展的新阶段。习近平总书记指出：“建立中国共产党、成立中华人民共和国、推进改革开放和中国特色社会主义事业，是五四运动以来我国发生的三大历史性事件，是近代以来实现中华民族伟大复兴的三大里程碑。”①

社会主义的发展道路不是平坦的。从20世纪50年代到70年代后期，由于受国际冷战格局的影响，由于西方资本主义国家对以苏联为首的社会主义阵营的封锁，由于中国计划经济体制和长期“左”的错误思想的制约，中国的发展还是受到了很大的影响，没能取得应有的成效。中国经济的快速发展是从20世纪70年代后期开始的，从1978年党的十一届三中全会到今天，已历经40多年的快速发展。

中国崛起了！40多年来，中国经济建设和发展走过了极其不寻常的历程，经济体制改革和对外开放取得了举世瞩目的成就，中国发展道路的探索积累了宝贵的成功经验。中国经济发展创造了自工业革命以来世界经济发展的奇迹，中国经济发展的轨迹成为国内外许多人渴望了解的“世纪之谜”。中国经济的高速增长改写了世界经济版图，也改变了人们对经济发展理论与实践的一般认识。中国成就了一个不同于西方发达国家

---

① 习近平．在庆祝改革开放40周年大会上的讲话．北京：人民出版社，2018：4.

发展道路的经济快速发展的经典事例。

从1978年到2019年的40多年间，中国社会生产力和综合国力迈上了新的台阶。下面这一组数字最能说明这种巨大变化：国内生产总值从3 645亿元增长到99.1万亿元，经济总量为世界第二；进出口总额从206亿美元增长到4.58万亿美元，再次成为全球第一贸易大国；外汇储备从1.67亿美元增长到3.11万亿美元，为世界第一；原煤产量从6.18亿吨增加到38.5亿吨；原油产量从1.04亿吨增加到1.91亿吨；发电量从2 565亿千瓦小时增加到75 034.3亿千瓦小时；钢材产量从2 208万吨增加到120 477.4万吨；汽车产量从14.91万辆增加到2 552.8万辆；全国城镇居民人均可支配收入从343元增加到42 359元，农村居民人均纯收入由134元增加到人均可支配收入16 021元[①]；国内出游人数达到60.1亿人次，国内居民出境人数达到16 921万人次，人民生活发生了巨大变化[②]。

（一）中国制度优势的充分发挥

社会制度和发展道路是关乎一个国家生存与发展的立国之本。第一个百年的奋斗和70多年来的建设，逐步探索并形成了中国特色社会主义社会制度和发展道路，这不仅确保了中国70多年的蓬勃发展，而且将继续为实现第二个百年奋斗目标奠定牢固的制度和道路基础。

在中国近现代史上，各种救国思想和主张层出不穷，各种

① 2013年调整统计标准，城镇居民从测算“家庭人均可支配收入”调整为测算“人均可支配收入”；农村居民从测算“家庭人均纯收入”调整为测算“人均可支配收入”。本书中若无特殊说明，均用新口径表述相关数据内容。

② 本序言中的数据主要来源于国家统计局历年统计数据。

社会改良试验纷至沓来。历史证明：正是中国共产党的成立和艰难探索，才为中国百年来的发展指明了道路。只有通过新民主主义革命建立社会主义才是近现代中国的唯一出路，才是改变中国半殖民地半封建社会命运的伟大变革。在中国建立社会主义制度本身就是一件具有划时代意义的伟大事件。在中国共产党领导下，中国人民大力推进社会主义经济制度建立和国家工业化建设，通过自力更生、艰苦奋斗，终于建设起了一个比较完整的现代工业体系和国民经济体系。在新中国经济建设中形成的“全国一盘棋”“集中力量办大事”体制优势，成为在经济基础十分薄弱条件下建设社会主义的基本经验与有效途径。

改革开放和现代化建设给社会主义中国的经济插上了腾飞的翅膀，中国共产党在这一时期创立了中国特色社会主义，激发了中国人民建设中国特色社会主义的空前热情与活力，中国社会经济呈现了前所未有的快速发展，人民生活发生了巨大改变，中国的国际地位空前提高。事实证明，只有将社会主义与中国国情相结合才能在中国大地扎下根来，发挥中国特色社会主义的巨大优越性；社会主义充分调动了广大人民群众的积极性和创造性，形成建设社会主义的巨大动力；只有充分学习和借鉴人类一切文明成果，才能更快地发展社会主义。解放思想、实事求是、与时俱进，成为改革开放这个时代的最强音。

进入新时代以来，中国共产党确立了习近平新时代中国特色社会主义思想，成为我国新时代社会主义建设的指导思想，为新时代中国特色社会主义制度和道路开辟了广阔空间。与此同时，全面深化改革推动着中国经济向着更高阶段迈进，供给侧结构性改革推动着中国经济转型升级的全面展开，正在形成对内对外开放，塑造着中国新的战略格局，新的“两步走”战略规划了到21世纪中叶全面实现现代化和中华民族伟大复兴的发展路径。

（二）中国GDP增长的奇迹

1978年以来，中国经济的整体增长成为世界关注的焦点。今天的人们总是感觉我们的国家与经济发达国家之间还有差距，我们的现代化建设还可以并应该再快一些，这本是无可厚非的，但是如果回顾一下中国百年来的经济发展史，我们就可以发现在中国这样一个经济基础比较薄弱的国家进行现代化建设，面临的困难是难以想象的。

1840年以来，中国从一个东方文明大国逐步衰落，沦为半殖民地半封建社会。1949年，中华人民共和国成立，中国的现代化史才开始改写。党和政府带领人民开始了空前的社会主义建设，中国从人口众多、一穷二白、科技文化水平落后的国家，经过70多年的奋斗，终于成为目前世界上发展最快、增长最有活力、最具国际影响力的世界第二大经济体，中国的崛起被视为世界经济发展史上的奇迹。

新中国70多年的社会主义经济建设史表明，在经济文化基础落后、人口众多的大国建设现代化的国民经济，不应该也不可能照搬任何其他国家的经验与模式，必须从中国的实际出发，走中国自己的建设道路。在这个问题上，中国既有成功的经验，也有失败的教训。中国虽然在经济建设中走过弯路，但仍取得了比西方国家更快的经济发展和社会进步。当然，目前中国的经济发展水平同发达国家之间还有着较大的差距，还没有建立起扎实的现代化所必需的物质技术基础和社会文化条件。邓小平说："贫穷不是社会主义，社会主义要消灭贫穷。不发展生产力，不提高人民的生活水平，不能说是符合社会主义要求的。"①

70 多年来，中国经济迅速发展，极大地增强了中国的综合国力，极大地改善了人民生活状况和水平，极大地提升了中国的国际地位，图 1、图 2 很好地说明了这一点。

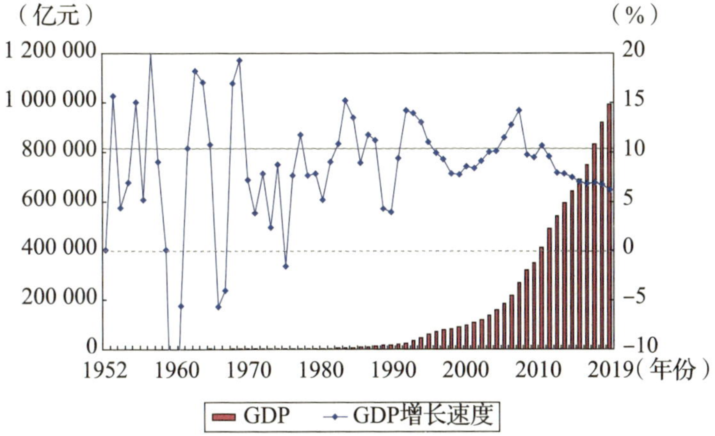

图 1　1952—2019 年我国 GDP 及其增长速度

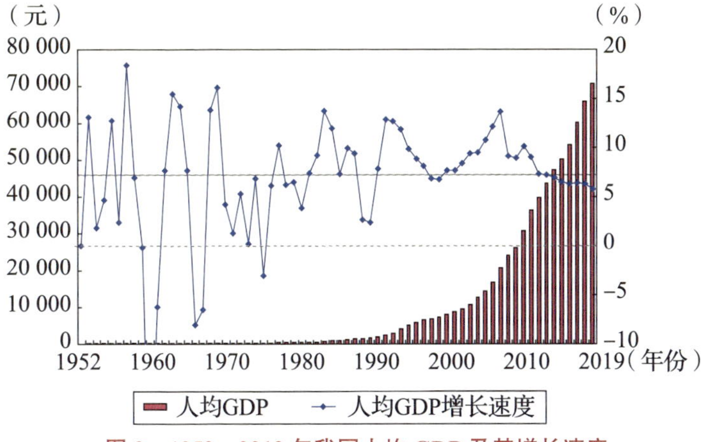

图 2　1952—2019 年我国人均 GDP 及其增长速度

① 邓小平 . 邓小平文选：第 3 卷 . 北京：人民出版社，1993：116.

（三）中国产业结构升级的奇迹

新中国经济发展取得的突出成就还表现为经济结构和产业结构方面的深刻变化。70 多年前的中国还停留在以农业生产为主的发展阶段，尽管有一些手工业和现代工业，但是在国民经济中占比很低。70 多年来，中国在这个起点上开展了大规模的工业化建设和国民经济体系建设，逐步发展成为一个以现代制造业为主、现代服务业蓬勃发展的大国，国民经济结构和产业结构空前改善。

中国从一个以农业为主的大国逐步发展成为一个以工业为主的大国，最近几十年来服务业更是迅速发展，中国的产业结构空前改善。近 20 年来，中国产业结构的变化则尤为深刻，它不仅仅表现为三个产业之间比例关系的调整，而且更主要地表现为各个产业内部的调整。

产业结构变迁和经济结构变化都是经济现代化最重要的指标。1949 年，中国还基本上是一个农业国。在当时的国民收入中，农业所占比重高达 68.4%，工业仅为 12.6%。1952 年，第一、二、三产业的比例为 50.5%、20.9%、28.6%，1978 年为 28.1%、48.2%、23.7%，2016 年 为 8.6%、39.8%、51.6%。在 GDP 的比重中，第一产业由 1952 年的 50.5% 下降到 2019 年的 7.1%，第二产业则由 20.9% 上升至 39.0%，第三产业比重则由 28.6% 大幅度上升至 53.9%（见图 3、图 4）。这一变化显示出在中国经济不断取得高速增长的同时产业结构不断优化的趋势。

产业结构的快速变化带动了优质的经济发展。70 多年来中国经济发展速度保持了同期世界较高的发展水平，特别是改

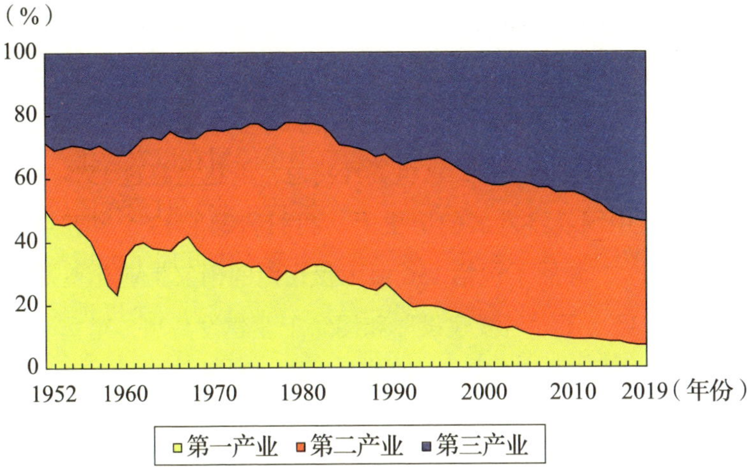

图 3　1952—2019 年三次产业在 GDP 中的占比

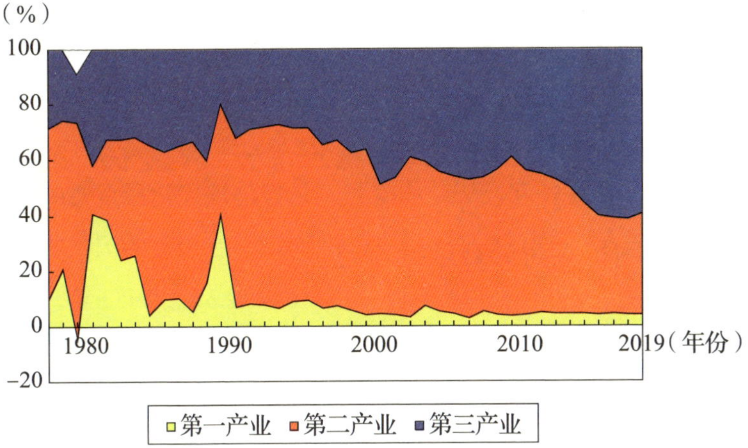

图 4　1978—2019 年三次产业对 GDP 增长的贡献率

革开放以来更是实现世界最快的发展速度，如按不变价计算，2018 年中国 GDP 比 1952 年增长 175 倍，年均增长 8.1%；其中 1979—2018 年 GDP 年均增长 9.4%，远高于同期世界经济 2.9% 左右的年均增速。这就使得中国经济在世界经济总量中的比重不断提升：1978 年，中国 GDP 约占世界经济总量的

1.8%，居全球第 11 位；2000 年升至世界第 6 位；2010 年超过日本并连年稳居世界第 2 位。党的十八大以来，中国综合国力持续提升，近 3 年经济总量连续跨越 80 多万亿元、90 万亿元和接近 100 万亿元大关，占世界经济总量的比重超过 15%。

在新中国经济发展的历史上，我们制定了 13 个“五年规划（计划）”，开展了包括 156 项工程在内的国家工业化奠基工程建设，经历了“三线建设”和国防工业建设高潮，建立了经济特区、沿海开放城市到浦东开发、全面对外开放新格局，实现了西部大开发、振兴东北老工业基地、长江经济带高质量发展、粤港澳大湾区经济发展和京津冀协同发展，完成了北斗卫星、中国高铁、港珠澳大桥等重大项目工程建设。

目前，中国拥有联合国产业分类中全部工业门类，有 200 多种工业品产量居世界第一，从 2010 年起制造业增加值稳居世界第一。

（四）中国扩大对外开放的奇迹

中国的发展离不开世界，世界的发展也离不开中国，经济全球化的发展趋势不可阻挡。

外部环境特别是世界经济环境的变化始终是中国经济发展面临的重大问题。早在新中国成立之初，中国并没有想关起门来搞建设，试图与包括西方国家在内的世界各国发展经济贸易关系。但严酷的事实是，以美国为首的西方国家遏制、封锁、打压中国，力图摧毁刚刚诞生的人民政府。例如在新中国成立初期，中国对外贸易落后失衡，当时的进出口规模十分有限。1950 年的货物进出口总额仅为 11.3 亿美元。在 20 世纪 50—70

年代，中国整体进出口虽有增长，但是仍处于较低水平。1978年的货物进出口总额仅为206亿美元，居世界第29位，这与中国的大国地位不相适应。可以说，中国经济是在各种封锁打压的夹缝中顽强成长起来的！

改革开放以来，随着冷战格局的打破，中国抓住了经济发展的战略机遇期。中国经济积极搭上了经济全球化的快车，对外开放程度不断加深，形成了全方位对外开放格局，特别是2001年中国加入WTO之后，中国参与经济全球化的步伐加快，极大地改变了中国经济的面貌和在世界经济中的地位。一些国家总是想关上中国开放的大门，我们必须保持十分清醒的头脑，不让它们的图谋得逞！

经济全球化是社会生产力和科技发展的客观要求和必然结果，是各国在市场和生产上的相互依存度日益加深的过程，其通过经济联系优化各种生产要素和资源的配置，有效促进人力、资本、商品、服务、技术和信息等资源的跨国界、跨地区流动。

中国是经济全球化的受益者，也是最主要的支持者。改革开放40多年来，中国全方位的对外开放格局基本形成，对外开放是拉动中国经济发展最重要的力量。伴随着中国开放型经济的迅速发展，中国对外经济关系也发生了重大变化。对外开放是中国改革开放和社会主义现代化建设新时期最重要的战略抉择之一。中国不会关上对外开放的大门，中国提出的“一带一路”倡议，就是要把中国的对外开放推向一个更高的阶段。有关数据也表明了中国的立场和行动：2018年，中国货物进出口贸易总额达到4.6万亿美元，这个数字表明中国进出口贸易总额比1978年增长了223倍，已经连续两年居世界首位（见

图 5）；服务进出口贸易总额 7 919 亿美元，比 1982 年增长了 168 倍，跃居世界第 2 位。当前美国挑起的中美贸易摩擦不断升级，中国仍坚定支持多边贸易体制，积极推进贸易投资自由化、便利化。中国不会成为国际贸易秩序的破坏者，将全面发展多边经贸关系和区域经济合作，共建“一带一路”。

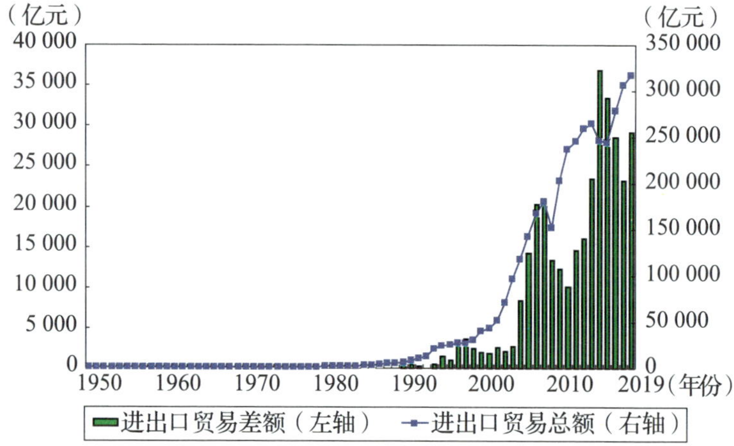

图 5　1950—2019 年进出口贸易差额变动与进出口贸易总额变化趋势

中国许多优秀企业跨出了国门，以全球为广阔市场，为世界提供产品和服务。据统计，2008—2017 年，中国企业进入全球 500 强企业的数量分别为 37 家、46 家、61 家、73 家、89 家、95 家、98 家、103 家、109 家、111 家。在美国《财富》杂志发布的 2018 年全球 500 强企业排行榜中，中国企业达 120 家，仅次于美国的 126 家。其他如日本 52 家、德国 32 家、法国 28 家、英国 21 家、韩国 16 家、荷兰 15 家、瑞士 14 家，都远比中国少。2018 年全球 500 强企业平均销售收入 597 亿美元，中国入围企业平均销售收入 599 亿美元；全球 500 强企业平均利润 37.68 亿美元，中国入围企业平均利润 30.72 亿美元，总体看来基本持平。中国这些入围企业如此巨大的规模和实力，使它们迅速成为国际知名跨国公司并在海外享有较高声誉。

（五）人民生活水平大幅提高的奇迹

在中国社会政治生活中，人民是崇高而又具体的。中国的发展为了人民，人民是改革与发展成果的根本受益者。

中国人民的生活状态和生活水平是在1949年新中国成立时才开始发生根本改变的。从那时开始，中国共产党和中央人民政府在全国范围内大规模医治战争创伤，恢复正常生产和生活秩序，仅用了短短几年时间，便彻底废除了封建土地所有制，使数亿贫苦农民翻身解放，拥有了自己的土地；彻底解决了长达10余年的恶性通货膨胀，积极安置了数百万人的工作就业问题，并在全国范围内解决了广大人民流离失所、困苦不堪的生活问题。

70多年来，中国城乡人民的物质和文化生活发生了巨大变化。一是可以从70多年来城乡居民人均收入的增长略见一二。1949年城镇居民人均年收入不足100元，农村居民人均纯收入不足50元；1978年，全国城镇居民人均可支配收入增加到343元，农村居民人均纯收入增加到134元。改革开放40余年来，人民生活水平提高更为显著，2019年城镇和农村居民人均可支配收入分别增至42 359元和16 021元（见图6）。这样的增长速度在同期世界其他国家中是没有的。

二是中国城镇居民恩格尔系数显著下降。2019年中国城乡居民恩格尔系数整体为28.2%，比上年下降0.2个百分点，其中城镇为27.6%，农村为30.0%（见图7）。居民支出中用于文

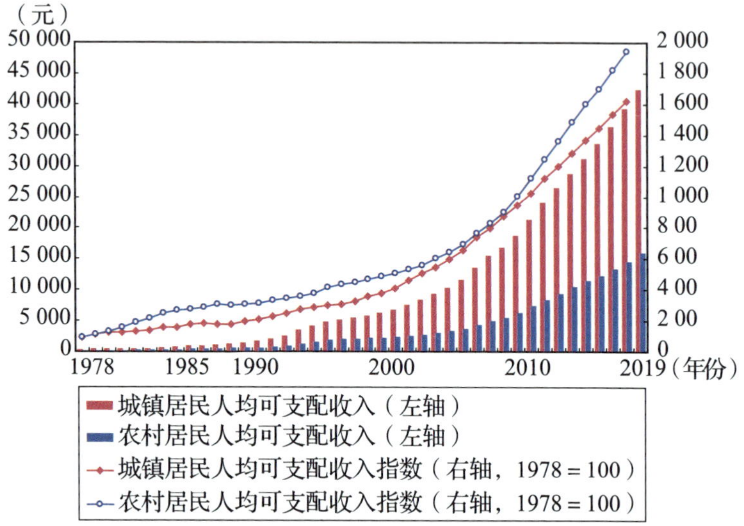

图 6　1978—2019 年居民收入及其变动情况

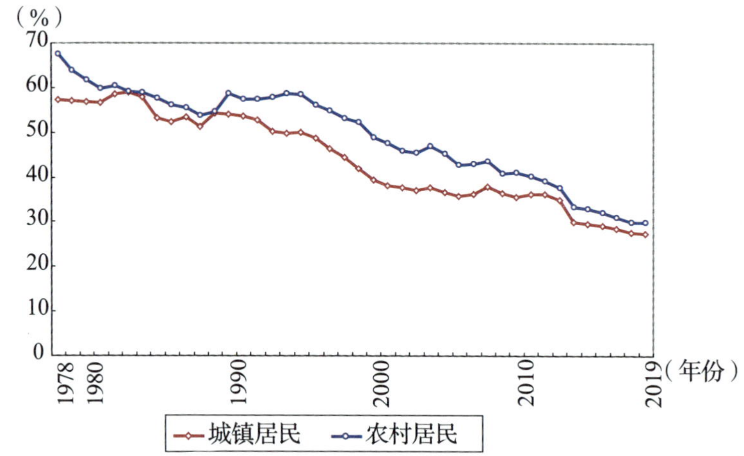

图 7　1978—2019 年居民恩格尔系数及其变动情况

化娱乐等消费增长迅速，据统计，截至 2018 年，中国移动宽带用户达 13.1 亿，基本建成全球最大的移动宽带网，网上支付、网上消费成为时尚。居民消费水平不断提高，消费类别不断多样化（见图 8、图 9）。

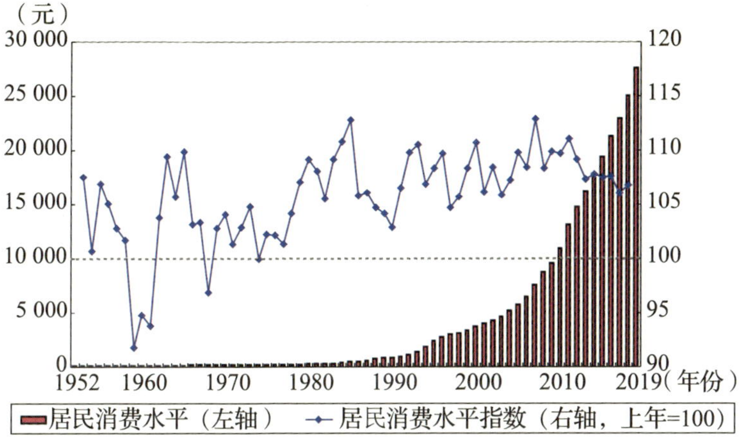

图 8　1952—2019 年居民消费水平及其变动情况

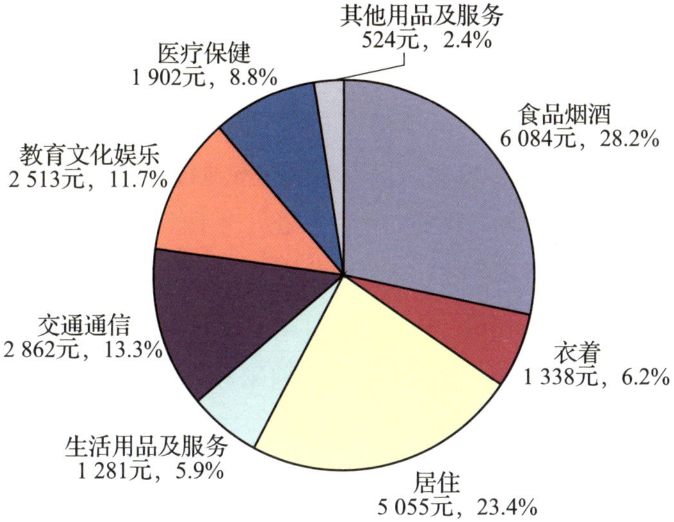

图 9　2019 年全国居民人均消费构成

数据来源：国家统计局．中华人民共和国 2019 年国民经济和社会发展统计公报．国家统计局官网，2020-02-28.

三是文化教育状态彻底改观，总体水平跃居世界中上行列。新中国成立初期中国文盲率高达 80% 以上，1982 年文盲率降至 22.8%，近些年又降至 15% 左右，尤其是高等教育的发展速度举世瞩目。2018 年，普通本专科在校学生 2 831 万人，比 1978 年增长 32 倍，高等教育毛入学率已达到 48.1%，高于中高收入国家平均水平。

四是中国城镇化水平显著提升。新中国成立之初城镇人口占总人口的比重仅为 10.6%，1978 年升至 17.9%，2018 年达到 59.6%。中国已经进入全面建成小康社会阶段，这是一个历史性的飞跃。

随着生活状况的逐渐改善，中国人民的健康水平大大提高。在旧中国，人民的健康状况极端恶化，人口死亡率高。据调查，部分地区人口平均寿命只有 35 岁左右。新中国成立后，伴随着人民生活水平、医疗服务水平、社会保障水平的提高，人口死亡率大幅下降，平均寿命大幅提高。2015 年，中国人口平均预期寿命为 76 岁。按照《"健康中国 2020"战略研究报告》中的目标要求，2020 年中国人均预期寿命将达到 77 岁。世界银行的专家对中国发生的变化评论道："中国只用了一代人的时间，取得了其他国家用几个世纪才能取得的成就。"

从 2021 年开始，中国将开启"十四五"规划，进入新发展阶段。在这个新发展阶段，我们将乘势而上，开启全面建设社会主义现代化国家新征程，向第二个百年奋斗目标进军。我们要以辩证思维看待新发展阶段的新机遇新挑战，要以畅通国民经济循环为主构建新发展格局，要以科技创新催生新发展动能，要以深化改革激发新发展活力，要以高水平对外开放打造国际合作和竞争新优势，要以共建共治共享拓展社会发展新局面。宏伟的蓝图正在绘制，我们期待未来用新的数字来解读中国的新发展阶段，展现全体劳动者的创造力与中国发展的新成就。

一

经济增长：GDP 的重要性

国内生产总值（Gross Domestic Products，GDP）是一定时期内（通常为一年或一个季度），一个国家或地区经济运转中所创造的全部最终产品和劳务的价值总和，常被视作衡量一国或一地区经济状况和发展水平的代表性指标。GDP 是目前国际社会用于衡量经济形势和经济运转状况最具代表性的指标，是人们以数字将经济可视化的重要一步，被称作“20 世纪最伟大的发明之一”。

正是因为有了 GDP 这一概念，人们开始用它来测算经济增长情况。例如，经济史学家安格斯·麦迪森（Angus Maddison）测算，从公元前 100 万年至公元 1500 年，全球人均 GDP 仅增长了不到 50%。16 世纪以后，西欧经济增长加速，按照麦迪森的数据，从 1500 年到 1820 年，以 1900 年的国际美元价格计算，西欧人均 GDP 从 670 美元增至 1 216.9 美元，增长了 81.6%，而西欧以外的世界则从 532 美元增至 594 美元，仅增长了 11.7%。

同样，按照麦迪森的测算，在公元元年，中国 GDP 占世界 GDP 的 26.2%，是世界第二大经济体，仅次于印度。在公元 1000 年时占 22.7%，随后一直占 20% 以上。1500 年，中国超越印度，成为世界第一大经济体。1776 年中国 GDP 仍为世界第一。1820 年中国 GDP 占到世界 GDP 的 32.9%，远远高于欧洲国家的总和。中国 GDP 占世界 GDP 的比重下滑则是在 1840 年鸦片战争以后了。

改革开放以来，中国 GDP 在 30 余年内保持了年均 10% 以上的增长速度，成为这一时期全球经济增长速度最快的国家之一，经济总量自 2010 年起超过日本，成为全球第二大经济体。

在经济快速增长和人民生活水平不断提高的同时，以 GDP 作为核心或唯一指标衡量一个国家的强弱或者考核一个地方政府绩效的做法也越来越受到质疑，以至于人们对 GDP 本身产生了质疑。使用 GDP 做量化考核指标源于 GDP 是一个国际通行的可准确量化的指标，表现形式简洁，易于区域间、国家间横向或者纵向的比较。例如，我们可以从一个国家不同地区的 GDP 看出其经济发展水平和差距，可以从不同国家的 GDP 看出各个国家的经济发展水平，更可以从不同地区、不同国家人均 GDP 看出其经济发展所处水平和阶段。但是，随着人们认识的深化，发现现行 GDP 的核算方法并不能全面核算与人们生产生活息息相关的资源环境因素，因而无法准确衡量经济发展成本。

客观来看，在可预期的未来，GDP 仍将是最重要的衡量发展水平的指标。但是可以确信，随着创新、协调、绿色、开放、共享新发展理念深入人心，随着地方政府考核目标的多元化，经济增长强调资源环境和居民福利并重，摆脱单纯追求 GDP 的冲动，实现“人民生活幸福”目标将很快实现。

| 小贴士 |

GDP的由来

2000年，美国商务部刊文称GDP为“20世纪最伟大的发明之一”。GDP实际指代以其为代表的一整套国民账户体系。该体系由美国商务部于20世纪30年代发起，委托西蒙·库兹涅茨（Simon Kuznets）领衔研发，用于测算美国国民经济的财富创造水平，并于1937年形成《国民收入：1929—1935》提交美国国会。

随后，该体系不断发展，并于1953年由联合国颁布推行，称为国民账户体系（System of National Accounts，SNA-1953）。此后联合国于1968年、1993年和2008年对其进行了三次重大修改，并在全球推广使用。

GDP及其测算体系目前仍是最为规范和最为准确测量经济增长成果的国际通行指标和体系。我国目前测算GDP使用的《中国国民经济核算体系（2016）》即遵照联合国SNA-2008编制和实施。

| 小贴士 |

新发展观

党的十六届三中全会提出了“坚持以人为本，树立全面、协调、可持续的发展观”，一般称之为新发展观。

一般认为，新发展观的提出是从过去片面强调和追求经济发展成果向更重视可持续发展转变，是形成系统的科学发展观的过渡过程。

（一）我国的经济体量有多大

2019年，中国[①]的GDP达到99.086 5万亿元，接近100万

① 除特殊说明，相关数据不包括港澳台地区。

亿元水平，人均 GDP 按年平均汇率折算达到 10 276 美元，首次突破 1 万美元大关。按照世界银行的可比测算，2018 年中国 GDP 为 13.6 万亿美元，居世界第二位，是美国的 66.2%、日本的 2.74 倍，已经超过除中国之外世界前十大经济体 GDP 的 30%（见图 1-1、图 1-2、表 1-1）。中国 GDP 的迅速增长已经成为 40 多年来世界经济发展和世界经济格局中最重要的事件。

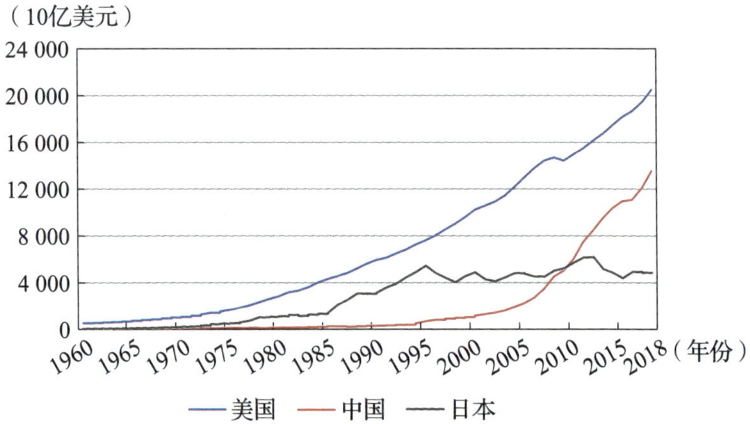

图 1-1　1960—2018 年中美日 GDP 变化

数据来源：世界银行，https://data.worldbank.org.cn.

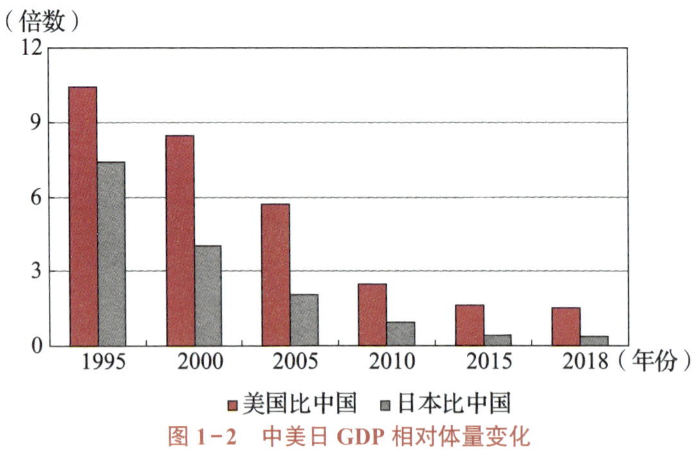

图 1-2　中美日 GDP 相对体量变化

数据来源：世界银行，作者测算。

表 1-1　2018 年世界及前十大经济体 GDP 比较

位次	国家或地区	GDP（10 亿美元）	中国占比（%）
1	美国	20 544.34	66
2	中国	13 608.15	100
3	日本	4 971.32	274
4	德国	3 947.62	345
5	英国	2 855.30	477
6	法国	2 777.54	490
7	印度	2 718.73	501
8	意大利	2 083.86	653
9	巴西	1 885.48	722
10	加拿大	1 713.34	794
	世界	**85 930.75**	**16**

数据来源：世界银行，https://data.worldbank.org.cn.

（二）我国的经济增长有多快

经济增长的速度反映着一个国家或地区经济发展的总体状况，持续稳定的经济增长反映着一个国家或地区的经济发展质量。1995 年以来，所有年均 GDP 增长 6% 以上的国家（见图 1-3）中，中国保持了最为稳定的高增长。在 21 世纪头 10 年里，中国增速一度连续 5 年超过 10%，即便在 2008 年开始的国际金融危机的冲击下，在世界主要经济体经济大幅波动的背景下，中国依旧保持了稳定的高增长，成为抵御这次全球性金融危机的“中流砥柱”。在中国经济进入以中高速增长为特征的新常态后，中国的 GDP 增速依然处于世界前列。部分国家 1995—2018 年 GDP 增长率平均水平比较见表 1-2。

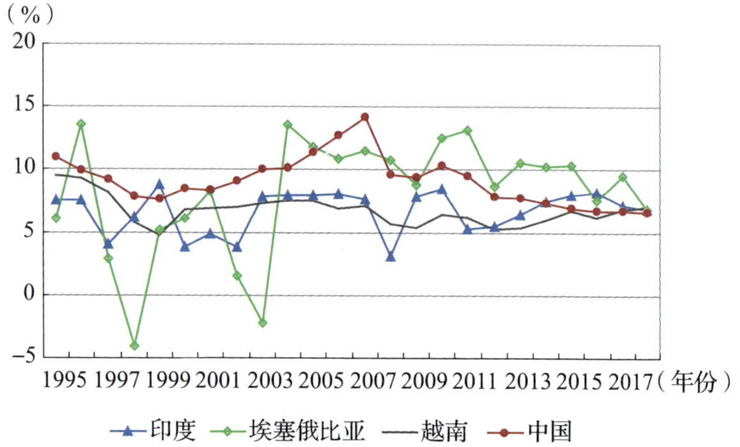

图 1-3　高增长国家的 GDP 增长率变化

数据来源：UNCTAD, https://unctadstat.unctad.org.

表 1-2　部分国家 1995—2018 年 GDP 增长率平均水平比较

(%)

国家	增长率平均水平	国家	增长率平均水平
卡塔尔	10.58	美国	2.51
中国	9.47	英国	2.25
埃塞俄比亚	8.10	法国	1.66
印度	6.57	德国	1.36
越南	6.76	日本	0.95
印度尼西亚	4.47	俄罗斯	2.96
智利	4.41	巴西	2.70

说明：这里采用可比价格年增长速度的简单平均，仅做比较参考。
数据来源：作者根据 UNCTAD 提供的数据测算整理。

正是因为如此，中国经济增长之谜越来越引起世界各国的关注，中国制度、中国道路和中国发展经验也成为世界各国学者研究的重要课题，各种探索和研究中国经济增长的成果层出不穷。

| 小贴士 |

中国道路

中国道路即中国特色社会主义道路。

习近平总书记在《紧紧围绕坚持和发展中国特色社会主义学习宣传贯彻党的十八大精神》中强调："中国特色社会主义道路，是实现我国社会主义现代化的必由之路，是创造人民美好生活的必由之路。中国特色社会主义道路，既坚持以经济建设为中心，又全面推进经济建设、政治建设、文化建设、社会建设、生态文明建设以及其他各方面建设；既坚持四项基本原则，又坚持改革开放；既不断解放和发展社会生产力，又逐步实现全体人民共同富裕、促进人的全面发展。"

（三）为什么强调经济增速

中国改革开放的总设计师邓小平在 20 世纪 70 年代末提出我国现代化发展的三步走战略，第一步即 1981 年至 1990 年，国民生产总值（Gross National Products，GNP）翻一番，解决温饱问题；第二步，2000 年比 1990 年再翻一番，居民生活小康；第三步，到 2050 年，人均 GNP 达到中等发达国家水平，人民生活富裕。

1997 年，中国共产党第十五次全国代表大会的报告中确定了"新三步走"战略，即 21 世纪第一个 10 年实现国民生产总值比 2000 年翻一番，使人民的小康生活更加宽裕，形成比较完善的社会主义市场经济体制；再经过 10 年的努力，到建党 100 年时，使国民经济更加发展，各项制度更加完善；到 21 世纪中叶建国 100 年时，基本实现现代化，建成富强民主文明的社会主义国家。

2002 年，中国共产党第十六次全国代表大会的报告中提出，GDP 到 2020 年力争比 2000 年翻两番，综合国力和国际竞争力明显增强。这一目标至 2018 年已超额完成（见表 1-3）。

表 1-3　部分国家 2000—2018 年 GDP 翻番状况

国家	倍数	国家	倍数
中国	4.83	美国	1.42
埃塞俄比亚	4.77	英国	1.37
卡塔尔	4.75	法国	1.25
印度	3.25	德国	1.26
越南	3.12	日本	1.16
印度尼西亚	2.41	俄罗斯	1.81
智利	1.94	巴西	1.49

说明：这里采用几何平均法计算。
数据来源：UNCTAD，作者测算。

党的十八大以后，习近平总书记提出了实现中华民族伟大复兴中国梦的奋斗目标：到 2020 年全面建成小康社会；到 21 世纪中叶建成富强民主文明和谐的社会主义现代化国家，实现中华民族伟大复兴的中国梦。在这个发展过程中，提出了创新、协调、绿色、开放、共享的新发展理念。

| 小贴士 |

GDP 和 GNP

不同发展阶段，我们对经济增长采用了两个不同的测量指标，GDP 是按照地理区域属性进行统计的，GNP 则是按照生产者的国民属性进行统计的，二者在实践中略有差异，关系如下：

$$GNP = GDP + \begin{matrix}\text{本国人在外国}\\ \text{创造的财富}\end{matrix} - \begin{matrix}\text{外国人在本国}\\ \text{创造的财富}\end{matrix}$$

| 小贴士 |

中国梦

习近平总书记在参观《复兴之路》展览时指出："实现中华民族伟大复兴，就是中华民族近代以来最伟大的梦想。"

2013 年 5 月，在接受拉美三国媒体联合书面采访时，习近平主席进一步明确："在新的历史时期，中国梦的本质是国家富强、民族振兴、人民幸福。我们的奋斗目标是，到 2020 年国内生产总值和城乡居民人均收入在 2010 年基础上翻一番，全面建成小康社会；到本世纪中叶，建成富强民主文明和谐的社会主义现代化国家，实现中华民族伟大复兴的中国梦。"

（四）我国人均 GDP 水平如何

党的十七大提出，巩固和发展已经初步达到的小康水平，到建党 100 年时，建成惠及十几亿人口的更高水平的小康社会；到建国 100 年时，人均国内生产总值达到中等发达国家水平，基本实现现代化。在这里，报告提出了"人均国内生产总值"的要求，意义深远。

地大物博、人口众多是我国的真实国情。只讲地大物博，而不讲人口众多，说明只是看到了经济发展的潜力与可能，而没有看到经济发展的问题与困难。只讲人口众多，而不讲地大物博，说明只是看到了经济发展的问题与困难，而没有看到经济发展的潜力与可能。更何况人口众多在更广泛的意义上讲，也是经济发展的动力和潜力。

在 GDP 快速增长的同时，我国的人均 GDP 尽管也保持了稳定的高增长（见图 1-4），但人均 GDP 水平仍处于全球第 80 名左右的位置，不仅与发达国家相比存在很大差距，而且与部分转型国家和拉美国家相比也有不小的差距（见图 1-5）。看不到这种人均 GDP 差距，我们就会缺乏发展的热情和科学的态度；看不到中国人均 GDP 快速增长，我们也会缺乏发展的动力和凝聚人心的力量。

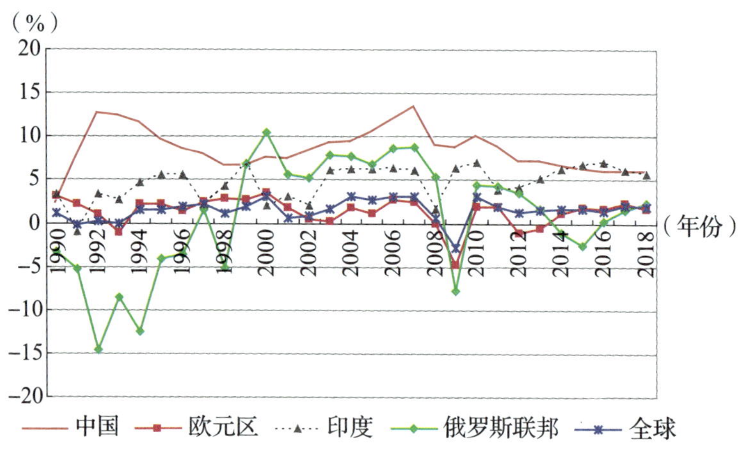

图 1-4　1990—2018 年部分国家（地区）人均 GDP 增长率变化

数据来源：世界银行，https://data.worldbank.org.cn.

（五）GDP 告诉了我们什么

GDP 是生产的“终点”，又是分配的“起点”。从支出法角度看，GDP 的去向可分为投资、消费和净出口三大部分。

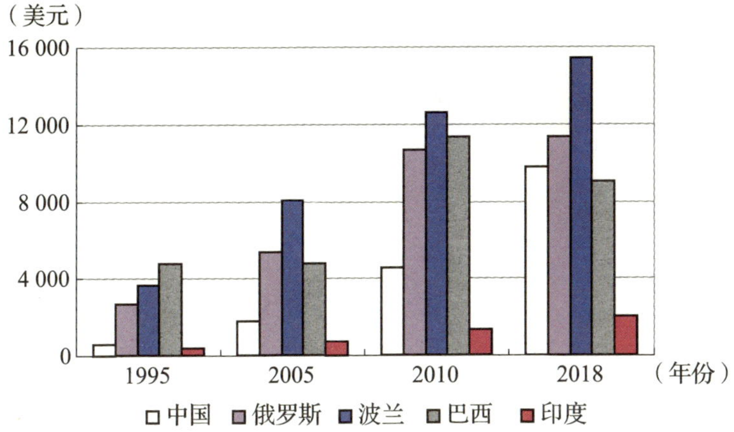

图 1-5　1995—2018 年我国与部分国家人均 GDP 比较

数据来源：世界银行，https://data.worldbank.org.cn.

长期以来，我国居民消费和政府消费（公共服务）比例均偏低，而投资比例较高，是典型的“建设型”国家，这与我们选择的迅速改变中国贫困落后面貌的发展道路紧密相关。同期，世界其他国家发展道路也各有特点，例如美国是典型的“消费型”国家，俄罗斯是典型的（出口）“资源型”国家，瑞典则是典型的（政府）“福利型”国家，这体现在它们的 GDP 结构变化情况中（见表 1-4）。

表 1-4　部分国家 GDP 结构变化情况　（%）

国家	2000				2018			
	居民消费	政府消费	固定资本形成	贸易差额	居民消费	政府消费	固定资本形成	贸易差额
中国	46.2	15.8	34.1	2.0	38.4	14.4	42.2	0.4
印度	69.9	13.8	26.6	–2.1	59.5	11.2	28.9	–2.5
巴西	63.0	19.2	16.8	–0.6	64.3	19.7	15.8	–0.8

续前表

国家	2000				2018			
	居民消费	政府消费	固定资本形成	贸易差额	居民消费	政府消费	固定资本形成	贸易差额
日本	55.1	16.9	25.2	2.1	54.2	19.8	24.2	3.5
俄罗斯	46.2	15.1	16.9	23.5	52.1	17.7	21.7	7.1
美国	68.7	14.4	20.2	–4.9	68.1	13.9	20.9	–2.3
瑞典	48.7	26.0	17.3	5.8	44.1	26.1	25.4	2.0

说明：中国的居民消费、政府消费、固定资本形成用的是 2017 年数据。以上结构缺少“存货变动”，但能基本反映 GDP 结构。

数据来源：IMD, World competitiveness yearbook, 2001, 2019.

2000 年，我国与部分国家 GDP 相比，呈如图 1–6 所示的结构：

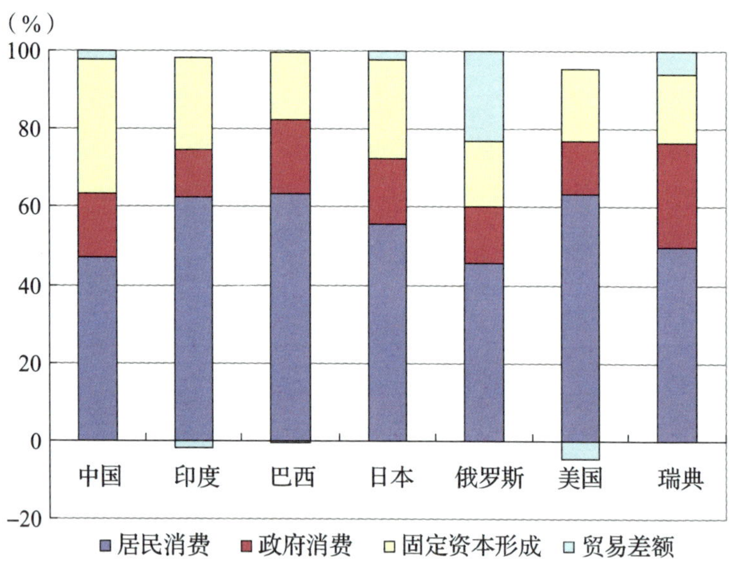

图 1–6　2000 年我国与部分国家 GDP 结构比较

说明：负向的贸易差额比例表明当年该国是净进口，即进口品多于出口品。

数据来源：IMD, World competitiveness yearbook, 2001.

2018 年我国与部分国家 GDP 结构比较，固定资本形成的占比明显高于其他国家，贸易差额占比也最小（见图 1-7）。

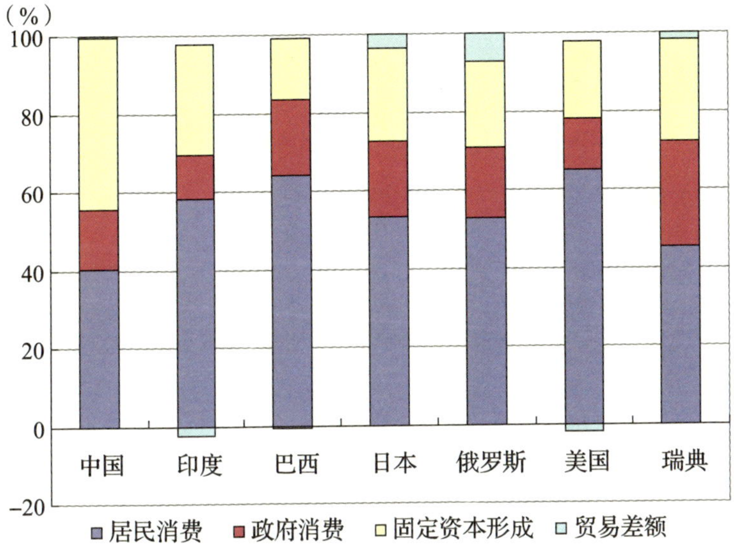

图 1-7　2018 年我国与部分国家 GDP 结构比较

说明：负向的贸易差额比例表明当年该国是净进口，即进口品多于出口品。

数据来源：IMD, World competitiveness yearbook, 2019.

| 小贴士 |

GDP 的计算方法

GDP 共有三种计算方法，即生产法、收入法和支出法，理论上计算结果应相等，但由于统计误差的存在，任何国家用不同方法计算的结果均不会完全相等。

生产法：按照产业分类，从企业到产业逐一汇总。

GDP =（农业 + 工业 + 服务业）总产出 − 中间投入

收入法：按照参与生产的各要素所得逐一汇总。

GDP＝劳动者报酬＋生产税净额＋固定资产折旧
＋营业盈余

支出法：按照最终产品的去向逐一汇总。

GDP＝（居民＋政府）消费＋投资（固定资本形成－存货变动）＋（出口－进口）

（六）GDP 为什么一定要增长

GDP 是从最终产品角度看当年发生经济活动流量的概念。如果这一流量保持不变，分配结构、通货膨胀和人口数量稳定，那么 GDP 即使不增长或低增长，也不会太多地影响居民福利水平，这正是德国、日本等国目前的情况：尽管人均 GDP 增长率不高，但它们仍长期稳定居于全球人类发展指数（Human Development Indictor，HDI）最高的国家行列（见表 1-5）。

表 1-5　世界主要国家人均 GDP 和人类发展指数变化情况

国家	人均 GDP（美元）		人类发展指数	
	2000	2018	2000	2019
德国	23 636	47 616	0.925	0.939
美国	36 335	62 887	0.939	0.920
日本	38 532	39 290	0.933	0.915
巴西	3 750	9 001	0.757	0.761
中国	959	9 771	0.726	0.758
印度	374	2 010	0.577	0.647

数据来源：世界银行，https://data.worldbank.org.cn；UNDP. http://hdr.undp.org.

从发展角度看，提供更多用于消费和分配的产品、提升居民福利，只有通过 GDP 或人均 GDP 的持续增长方能实现。这正是转型国家和发展中国家缩小与发达国家差距、提升居民福利的核心诉求。

我国人均 GDP 增速较高，特别是近 20 年来增速明显，成为衡量中国经济成功发展的重要指标。但由于我国人均 GDP 起点低，因此目前与发达国家的差距还十分明显，保持合理增长速度对满足人民需要、提升社会福利至关重要。

（七）我国的区域差距有多大

“幅员辽阔，地形复杂，资源禀赋差异大”是我国区域的基本特点，这就决定了我国区域发展将长期呈现较大差距，缩小区域差距也将是一个复杂、耗时的工程。2019 年，我国北京市的人均 GDP 达到 16.422 万元，约是全国人均 GDP 水平的 2.32 倍，也是人均 GDP 最低省份（甘肃省）的 4.98 倍。经济相对欠发达地区人均 GDP 明显偏低（见表 1-6）。

表 1-6　2019 年我国部分省市 GDP 和人均 GDP 发展水平

	GDP（亿元）	人均 GDP（元）
北京市	35 371	164 220
江苏省	99 632	123 607
浙江省	62 352	107 624
广东省	107 671	94 172
陕西省	25 793	66 649
云南省	23 224	47 944
贵州省	16 769	46 433
甘肃省	8 718	32 976
中国	**990 865**	**70 892**

数据来源：国家统计局，data.stats.gov.cn.

缩小地区经济发展差距，缩小不同地区人均 GDP 差距，是中国政府未来工作的重点。习近平总书记强调："没有农村的小康，特别是没有贫困地区的小康，就没有全面建成小康社会。"① "我们到时候不能一边宣布全面建成了小康社会，另一边还有几千万人口的生活水平处在扶贫标准线以下，这既影响人民群众对全面建成小康社会的满意度，也影响国际社会对我国全面建成小康社会的认可度。"②

（八）我们的增长有效率吗

劳动生产率反映着一个国家或地区的经济效率，是一个国家或地区经济是否具有未来增长性的指标。改革开放以来特别是近 20 多年来，我国的劳动生产率保持了全球最快和最为稳定的增速。据国家统计局数据，1996—2015 年的 20 年间，我国单位劳动产出（全员劳动生产率）大幅提高，年平均增速为 8.6%，大大高于 1.3% 的同期世界平均水平，也高于美国 1.6% 的增速。1995 年，我国单位劳动产出为 1 106 美元（PPP 美元价格），到 2018 年这一数据已提高到 32 848 美元，是 1995 年的 29.7 倍。当然，从绝对水平来看我国与发达国家还有不小的差距。近年来，相比于我国与发达国家的 GDP 差距，在劳动生产率上，我们与发达国家的差距仍较大，甚至一些发展中国家在生产率上也超过了我们（见表 1-7）。提高劳动生产率是我国经济发展必须要解决好的重大问题。

① 习近平 . 习近平谈治国理政 . 北京：外文出版社，2014：189.

② 中共中央宣传部 . 习近平总书记系列重要讲话读本（2016 年版）. 北京：学习出版社，2016：60.

表 1-7　2018 年部分国家劳动生产率水平比较　（PPP 美元）

国家	全员劳动生产率	工业	服务业
爱尔兰	149 707	343 380	134 662
挪威	136 315	227 516	116 712
美国	126 979	137 892	125 677
法国	102 188	102 305	108 427
德国	97 634	118 230	99 261
日本	80 571	99 966	79 977
波兰	71 218	71 815	84 264
俄罗斯	58 409	68 853	51 726
哈萨克斯坦	57 357	99 682	54 646
南非	42 743	68 669	42 370
中国	32 848	43 035	34 314
巴西	32 007	40 011	36 848
印度尼西亚	28 057	52 412	27 761

数据来源：IMD, World competitiveness yearbook, 2019.

2018 年，部分国家人均每小时 GDP 水平如图 1-8 所示。

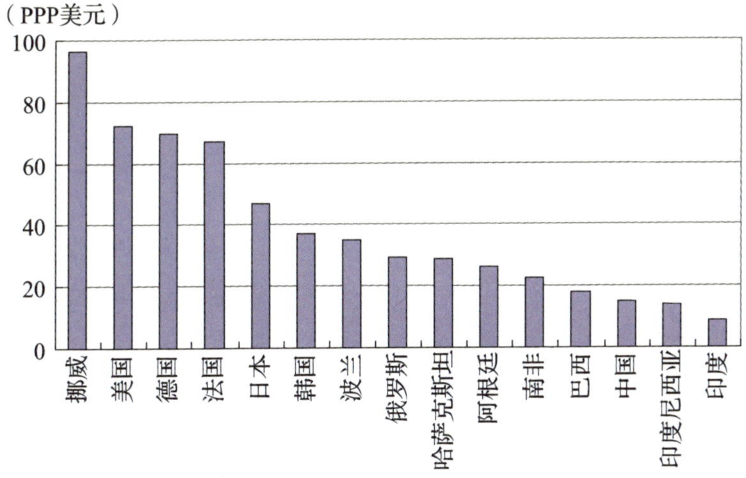

图 1-8　2018 年部分国家人均每小时 GDP 水平

数据来源：IMD, World competitiveness yearbook, 2019.

面对存在的差距，还应该看到，我国虽然单位劳动产出水平较低，但是增速较快。这反映出我国经济较有活力，未来增长潜力较大。提高劳动生产率，调整经济结构，加大科技投入和科技创新，加快经济增长方式的转变，是我国经济发展的必由之路。

| 小贴士 |

劳动生产率

劳动生产率是指劳动者在一定时期内创造的价值增值与其劳动消耗量的比值。劳动生产率有不同的算法和理解。

对于全社会来说，可计算全员劳动生产率，即劳动力平均创造的 GDP 水平。对于一个行业来说，也可以用行业的价值增值（如工业增加值）除以本行业的就业人数获得行业的劳动生产率。

| 小贴士 |

购买力平价（Purchasing Power Parity，PPP）

PPP 以美元为基础，是根据各国类似商品的不同价格水平计算出来的货币之间的比值系数；又可以理解为相同商品需要的等值货币量，进而换算出和美元的比价。

PPP 和汇率法计算价格是最为常用的两种不同国家或地区比较价格水平的方法。与汇率比价比较，PPP 价格显示发达国家的货币价值被拉低，发展中国家的货币价值则被抬高。

（九）我国经济增长的成本和代价必须降下来

任何经济增长都要付出成本和代价。提高经济效益，就必须把影响经济发展的能耗、水耗、碳排放和污染降下来。经济增长的成本与代价可以从下列指标中看出：

1. 单位 GDP 能耗

单位 GDP 能耗是反映能源消费水平和节能降耗状况的主要指标，一次能源供应总量与 GDP 的比率，是一个能源利用效率指标。由于我国工业化进程不断加快，经济发展和产业结构不均衡，我国的单位 GDP 能耗和瑞士、丹麦等发达国家差距很大，甚至部分发展中国家单位 GDP 能耗都远低于我国单位 GDP 能耗（见图 1-9）。

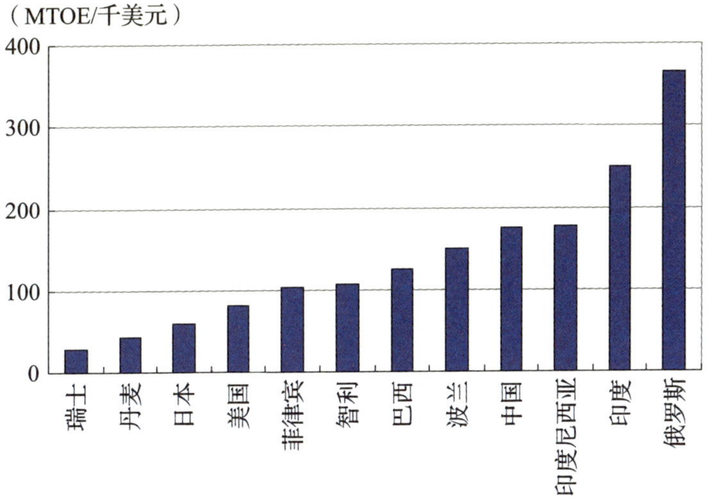

图 1-9　2019 年部分国家单位 GDP 能耗比较

数据来源：IMD, World competitiveness yearbook, 2019.

2. 单位 GDP 耗水量

中国是一个缺乏水资源的国家，淡水资源总量为 2.8 万亿立方米，居世界第 6 位，人均占有量为 2 240 立方米，约为世界人均的 1/4，居世界第 109 位。2016 年，中国的单位 GDP 耗水量同样远远高于卢森堡、丹麦等欧洲发达国家，与不少发展中国家，如马来西亚、巴西等相比，也是相对较高的（见图 1-10）。

节约用水、降低水耗对于中国人均水资源量严重不均衡的状况来说，具有更为重要的意义。目前，有 16 个省（区、市）人均水资源量低于严重缺水线，有 6 个省（区）人均水资源量低于 500 立方米。

3. 单位 GDP 二氧化碳排放量

人类进行生产活动必然会产生碳排放。大量科学研究表明，碳排放的增加是导致全球气候变暖的重要因素，往往也会诱发极端恶劣天气和其他自然灾害。

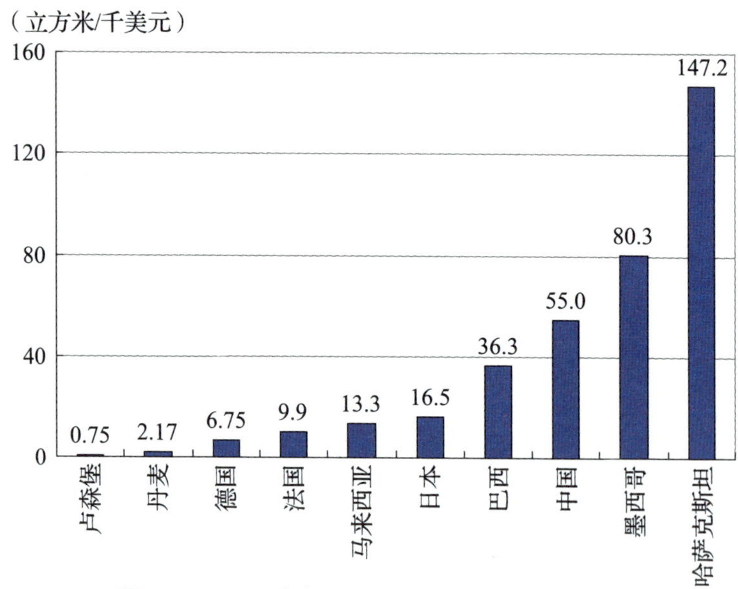

图 1-10　2016 年部分国家单位 GDP 耗水量比较

数据来源：IMD, World competitiveness yearbook, 2019.

降低碳排放已经成为世界各个国家的共同呼声。自 2000 年开始，各发展中国家，包括中国、印度、印度尼西亚、俄罗斯的单位 GDP 二氧化碳排放量都实现了较大幅度的下降。到 2013 年，巴西的单位 GDP 二氧化碳排放量已经基本与发达国家持平，但由于历史原因和发展阶段不同，以及产业结构的差异，总体来看，发展中国家的单位 GDP 二氧化碳排放量仍普遍高于发达国家（见图 1-11）。

针对有关碳排放问题的争论，中国的主张是：第一，全球气候变化是人类面临的共同挑战，无论是发达国家还是发展中国家，都有责任和义务，从本国国情出发，切实采取行动调整经济结构，朝着减少碳排放的目标前进。第二，考虑到历史排放量、经济发展阶段和技术水平等多种因素，发达国家理应在减排问题上承担更大责任。

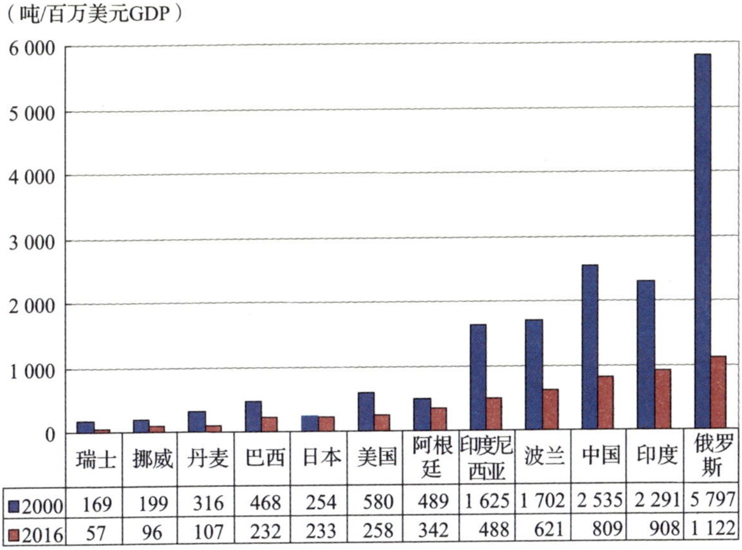

	瑞士	挪威	丹麦	巴西	日本	美国	阿根廷	印度尼西亚	波兰	中国	印度	俄罗斯
2000	169	199	316	468	254	580	489	1 625	1 702	2 535	2 291	5 797
2016	57	96	107	232	233	258	342	488	621	809	908	1 122

图 1-11　2000 年和 2016 年部分国家单位 GDP 二氧化碳排放量比较

数据来源：IMD, World competitiveness yearbook, 2003, 2019.

4. 污染问题对经济增长的负面影响

污染主要是环境污染，是影响人类生存与发展的破坏活动。污染通常是指由于自然的或人为的因素，向环境中添加了某种物质，使其量超过了环境的自净能力和承载能力而产生生态环境破坏结果的行为。根据环境要素、污染物性质、人类活动方式等，污染可分为若干种。目前，大气污染、水体污染和土壤污染对生态环境与人类的危害最大。

从 2000—2019 年，绝大多数国家的环境污染问题评估得分都得到提升，表明环境污染对其经济增长的负面影响在逐渐减弱。中国的得分从 2000 年的 6.13 下降到了 2019 年的 3.74（见图 1-12）。环境污染问题不仅对人们的生活健康造成了影响，也大大制约了我国的经济发展，寻求经济的可持续发展仍须从解决环境问题入手。

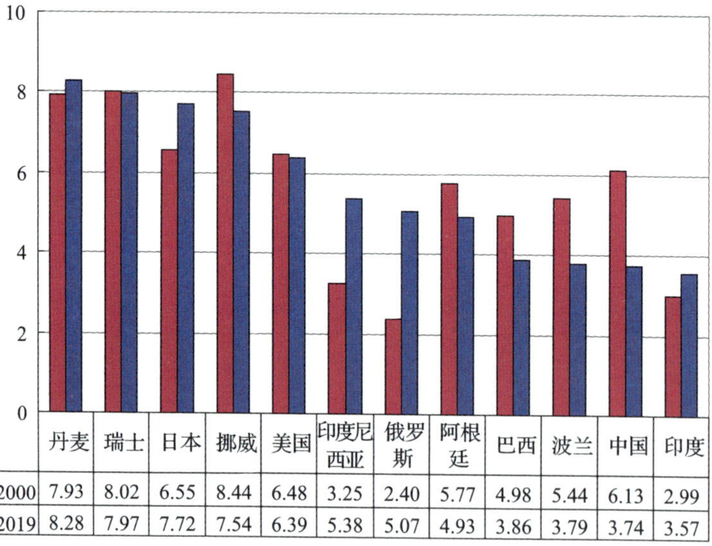

	丹麦	瑞士	日本	挪威	美国	印度尼西亚	俄罗斯	阿根廷	巴西	波兰	中国	印度
2000	7.93	8.02	6.55	8.44	6.48	3.25	2.40	5.77	4.98	5.44	6.13	2.99
2019	8.28	7.97	7.72	7.54	6.39	5.38	5.07	4.93	3.86	3.79	3.74	3.57

图 1-12　2000 年和 2019 年部分国家的环境污染问题评估得分

数据来源：IMD, World competitiveness yearbook, 2000, 2019.

党和国家提出，要守住环境保护的底线，强化水、土壤污染治理，坚决打好蓝天保卫战。习近平总书记指出我们“既要金山银山，又要绿水青山”①。“要正确处理好经济发展同生态环境保护的关系，牢固树立保护生态环境就是保护生产力、改善生态环境就是发展生产力的理念”②，良好生态环境是最公平的公共产品，是最普惠的民生福祉。

① 习近平．习近平谈治国理政．北京：外文出版社，2014：434.

② 同① 209.

二

收入分配：你的收入提高了多少

（一）收入水平

一般来说，收入水平反映一个国家或地区居民的生活水平。改革开放以来，我国城乡居民收入水平大幅提高，特别是21世纪以来城乡居民收入提高速度进一步加快。2019年，我国全年人均可支配收入30 733元，其中城镇居民42 359元，农村居民16 021元。从2019年的各省（区、市）数据看，所有省区市居民人均可支配收入已超过3万元，其中北京、上海超过7.3万元（见表2-1）。从全国来看，人均可支配收入保持了多年高增长的趋势。

表2-1　2019年各省（区、市）城镇居民人均可支配收入　（元）

地区	人均可支配收入	地区	人均可支配收入
北京	73 848.51	云南	36 237.68
上海	73 615.32	四川	36 153.73
浙江	60 182.29	陕西	36 098.21
江苏	51 056.11	海南	36 016.70
广东	48 117.55	河北	35 737.68

续前表

地区	人均可支配收入	地区	人均可支配收入
天津	46 118.89	广西	34 744.87
福建	45 620.46	新疆	34 663.73
山东	42 329.23	贵州	34 404.17
内蒙古	40 782.46	宁夏	34 328.45
湖南	39 841.93	河南	34 200.97
辽宁	39 777.20	青海	33 830.33
重庆	37 938.59	山西	33 262.37
湖北	37 601.36	甘肃	32 323.45
安徽	37 540.04	吉林	32 299.18
西藏	37 409.97	黑龙江	30 944.62
江西	36 545.90		

数据来源：国家统计局，data.stats.gov.cn.

（二）分配比例——平衡好两个钱袋子

我们的政府是人民的政府，正确处理好发展和人民福祉提高之间的关系至关重要。而财政是国家治理的基础和重要支柱，必须平衡好两个钱袋子：一个是国家的钱袋子，一个是老百姓的钱袋子。

2019 年我国财政收入为 19.04 万亿元，比上年增长 3.8%。1995—2014 年，财政收入增速长期高于 GDP 增速，甚至出现多个年份高于 20% 的增长速度（见图 2-1）。

如此高的财政收入总量和增速是否意味着老百姓“一口饭有半口缴了税”呢？事实上，财政收入的很大一部分将投入民生相关消费中，以提升全社会福利。我国全社会福利水平大幅度提高，文化、教育等领域的国家投入持续增长。从人均视角

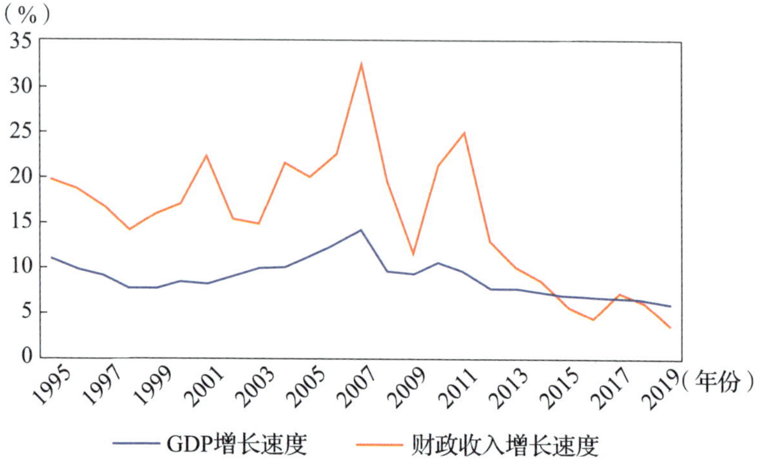

图 2-1　1995—2019 年我国 GDP 和财政收入增长情况

说明：2007 年开始财政收支口径更改，主要调整了支出口径。
数据来源：国家统计局，data.stats.gov.cn.

看，我国的人均财政负担尽管增速较快，但财政水平远低于世界主要国家的财政水平。表 2-2 呈现了 2000—2018 年部分国家中央政府财政收入占 GDP 的比重。

表 2-2　2000—2018 年部分国家中央政府财政收入占 GDP 比重　(%)

国家	2000	2005	2010	2015	2018*
中国	7.1	9.6	11.2	16.1	16.1
印度	11.7	12.3	13.2	12.4	12.9
日本	11.5	11.4	9.9	12.6	13.1
法国	42.8	42.1	42.9	44.3	44.4
德国	29.9	28.1	28.0	28.4	29.1
美国	20.6	17.9	16.5	19.1	17.2
英国	33.8	34.8	34.4	34.4	35.4
全球	**24.4**	**22.6**	**22.4**	**23.7**	**24.7**

* 不包括捐赠收入，中国、印度为 2017 年数据。
数据来源：世界银行，https://data.worldbank.org.cn.

习近平总书记提出坚持以人民为中心的发展思想，指出它“不是一个抽象的、玄奥的概念，不能只停留在口头上、止步于思想环节，而要体现在经济社会发展各个环节”[①]。国家的钱袋子、老百姓的钱袋子，都是人民的钱袋子，归根到底都是为人民利益服务的钱袋子。

（三）我们的税负重吗

纳税人的“税感”或“痛苦感”不仅取决于税负水平的高低，更取决于税收是否“还之于民”。一段时间以来，中国税负偏高的声音较多。导致认为我国税负高“痛苦感”的原因是多方面的，既有税收过快增长的影响，又与税负支出透明度较低等因素有关。

就中国企业税负是不是很高的问题，有两种不同的评价：一种认为中国企业税负不高，企业上缴的各种税项加起来也比发达国家低；一种认为中国企业税负较重，各种税费相加已经成为企业发展的沉重负担。导致认为中国企业税负高的一个因素是企业非税负担过重，制度性交易成本高，各项名目的“费”使企业经营成本抬高。

目前中国政府正在积极推进和完善营业税改增值税工作，试点范围不断扩大。营改增的一个重要目标就是确保所有行业的税负只减不增，规范税收体制和税种税负，清理各种不合理收费项目，切实减轻企业负担。

从国际比较的视角来看，欧洲尤其是北欧各国是典型的高税负高福利国家，发展中国家往往税负水平和福利水平均较低，

① 习近平．在省部级主要领导干部学习贯彻党的十八届五中全会精神专题研讨会上的讲话．北京：人民出版社，2016：24.

我国总税负水平和福利水平仍处于发展中国家水平（见图 2-2）。

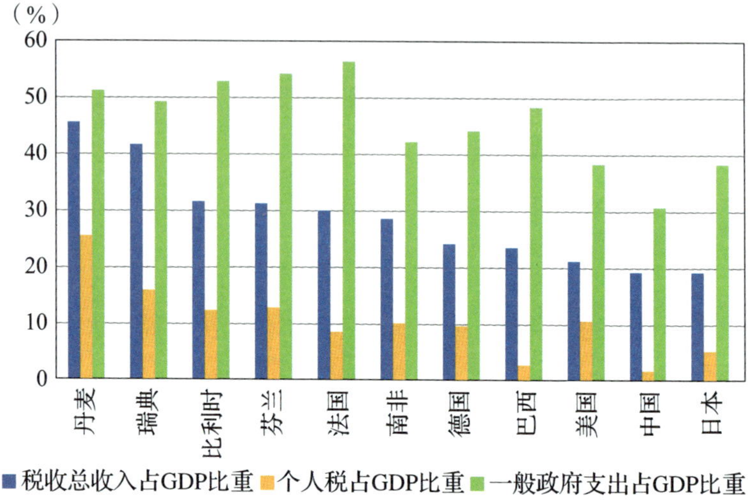

图 2-2　2017 年部分国家税收和支出占 GDP 比重

数据来源：IMF，GFS 数据库；IMF, Government finance statistics yearbook, 2019.

| 小贴士 |

我国税种分类

按课税对象分，我国税种可分为以下五类：

流转税类：又称流转课税、流通税，我国税制结构中的主体税类，指以纳税人商品生产、流通环节的流转额或者数量以及非商品交易的营业额为征税对象的一类税收，包括增值税、消费税、营业税*和关税等。

所得税类：又称收益税，我国税制结构中的主体税类，以各种所得额为课税对象的一类税，包括企业所得税、个人所得税等。

财产税类：以纳税人所拥有或支配的财产为课税对象，包括遗产税、房产税、契税、车辆购置税和车船税等。

行为税类：以纳税人的某些特定行为为课税对象的一类税，如城市维护建设税、印花税等。

资源税类：是指对在我国境内从事资源开发的单位和个人征收的一类税，如资源税、土地增值税、耕地占用税和城镇土地使用税等。

*2017年10月30日国务院废除该税种，改为增值税课税。

（四）税收去哪儿了

我国税收的本质是“取之于民，用之于民”。运用税收筹集财政收入，按照国家预算安排，有计划地用于财政支出，为社会提供公共产品和公共服务，发展科学、技术、教育、文化、卫生、环境保护和社会保障等事业，改善人民生活，加强国防和公共安全，为国家的经济发展、社会稳定和人民生活提供强大的物质保障。

从2018年国家财政支出的数据可以看到，税收主要用于政府提供的各项公共服务，其中教育、社会保障和就业、城乡社区事务的占比均超过了10%，表2-3显示了2018年我国财政主要支出项目及其金额和比重。

表2-3　2018年我国财政主要支出项目及其金额和比重

项目	金额（亿元）	比重（%）
教育	32 169.47	14.56
社会保障和就业	27 012.09	12.23
城乡社区事务	22 124.13	10.02
农林水事务	21 085.59	9.55
一般公共服务	18 374.69	8.32

续前表

项目	金额（亿元）	比重（%）
医疗卫生与计划生育	15 623.55	7.07
公共安全	13 781.48	6.24
交通运输	11 282.76	5.11
国防支出	11 280.46	5.11
科学技术	8 326.65	3.77
债务付息	7 402.72	3.35
住房保障	6 806.37	3.08
节能环保	6 297.61	2.85
资源勘探信息等	5 076.42	2.30
文化体育与传媒	3 537.86	1.60
国土海洋气象等	2 273.58	1.03
粮油物资储备	2 060.75	0.93
商业服务业等	1 606.96	0.73
金融	1 379.62	0.62
外交	586.36	0.27
援助其他地区	442.16	0.20
债务发行费用	60.21	0.03
其他	2 312.64	1.05
合计	**220 904.13**	**100.00**

数据来源：2019 年《中国统计年鉴》。

（五）贫富差距有多大

对于任何一个国家来说，在经济发展过程中不断缩小贫富差距都是一项艰巨的工作。许多国家短暂的经济发展成就也往往会因为贫富差距的拉大而大打折扣，甚至会被这种差距带来的社会动荡而抵消殆尽。

1949年以前的中国积贫积弱，广大中国人民生活水平低下。1949年新中国成立，人民政府全力推动国家工业化和人民生活水平提高，取得了伟大的成就。但是在计划经济体制下，平均主义盛行，贫富分化不是很突出，当时的基尼系数不到0.2。

改革开放以来，为了解放和发展生产力，调动广大劳动者的积极性，中国采取了允许一部分人、一部分地区先富起来的政策，希望通过先富帮后富，逐步实现共同富裕的途径，实现全体人民收入水平的提升。各地区经济发展本来就不平衡，加上这一政策实施的结果，就使得我国贫富差距被不断扩大。从基尼系数角度看，我国从平均主义"吃大锅饭"，到基尼系数超过警戒线0.4，用了20年左右的时间。连续十几年的高基尼系数说明，在蛋糕不断做大后，如何分蛋糕成了一件棘手的事。2008年国际金融危机后，由于政府一系列的惠民措施以及城镇化进程的加快，基尼系数从高点逐步回落，但仍高于0.46，并于2015年后开始逐步回升（见图2-3）。

从基尼系数的国际比较中可以看到，发展中国家基尼系数普遍趋高，欧洲、日本等发达地区基尼系数相对较低（见图2-4）。即便在发达国家内部，由于历史文化和税收制度不同，既有挪威等基尼系数很低、财富平均度很高的国家，也有美国等基尼系数相对较高、贫富差距较大的国家。

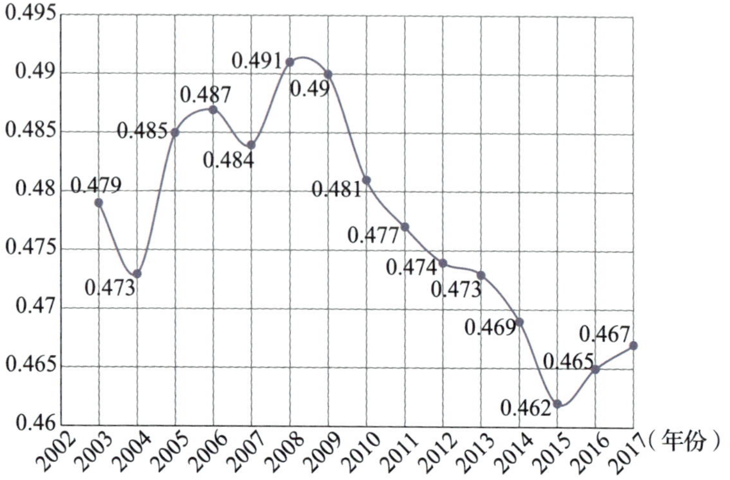

图 2-3　2003—2017 年我国基尼系数变动情况

数据来源：国家统计局，data.stats.gov.cn.

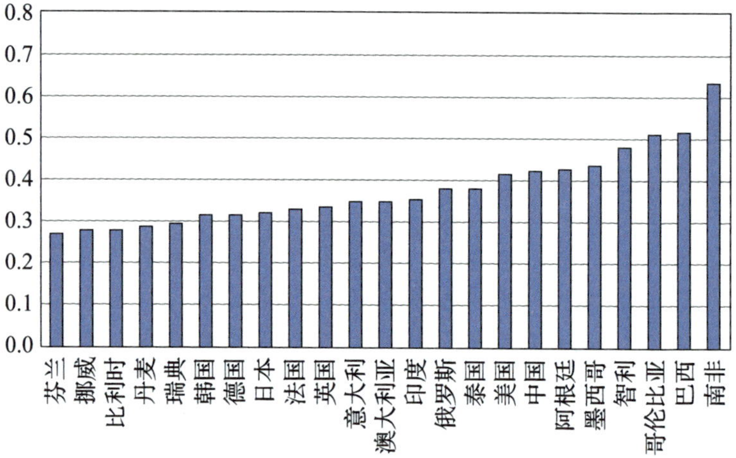

图 2-4　2017 年世界主要国家基尼系数比较

说明：IMD 援引世界银行测算结果，中国的数据比国家统计局测算结果偏低。
数据来源：IMD, World competitiveness yearbook, 2019.

| 小贴士 |

洛伦兹曲线与基尼系数

基尼系数，是20世纪初意大利经济学家基尼根据洛伦兹曲线判断收入分配公平程度的指标。国际上常用它来综合考察国家（地区）收入分配差异状况。

洛伦兹曲线是在一个以人口比例为横坐标、财富或收入比例为纵坐标的坐标系中一条向右下方凸出的曲线。

设实际收入分配曲线（洛伦兹曲线）和收入分配绝对平等线之间的面积为A，实际收入分配曲线右下方的面积为B，则$A/(A+B)$即表示不平等程度，这个数值就是基尼系数，其经济含义为：在全部居民收入中，用于进行不平均分配的那部分收入占总收入的百分比（见图1）。

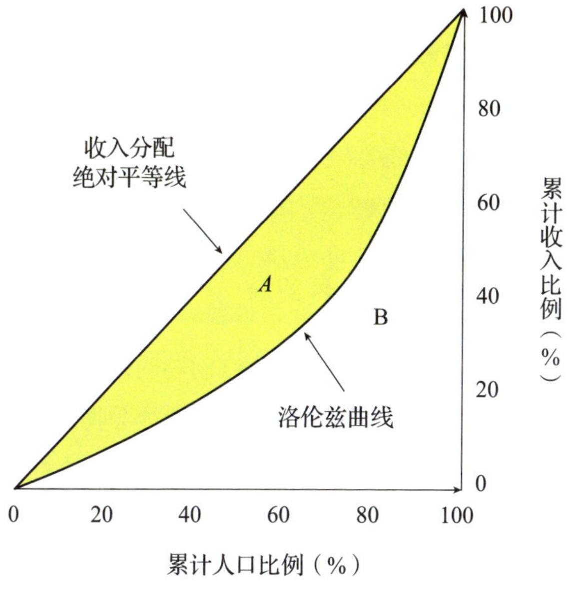

图1

基尼系数在0和1之间波动，越接近1意味着收入分配越不平等，1表示全部收入被一个单位的人全部占有；越接近0就表明收入分配越平等，0表示居民之间收入没有任何差异。通常把0.4作为收入分配差距的“警戒线”，根据黄金分割律，“警戒线”的精确值应为0.382（见表1）。

表1 基尼系数表达的收入差距水平

基尼系数	收入差距
低于0.2	收入平均
0.2～0.3	收入比较平均
0.3～0.4	收入相对平均
0.4～0.5	收入差距较大
0.5以上	收入差距悬殊

在纵向和横向比较基尼系数时须注意，同样的基尼系数所反映的收入或财富的分布不唯一，一个基尼系数未必对应一个确定的贫富差异程度。例如，将120元收入分配给5个人，一种方法是12、12、32、32、32，另一种方法是18、18、18、18、48，两种分配方法对应的基尼系数均为0.25，而对于哪种分配方法相对更加公平，不同的人观点不同。

（六）高收入家庭的收入有多高

衡量一个国家收入分配是否存在问题的指标之一就是高收入家庭收入占居民总收入的比例。如果全社会收入最高的10%家庭收入占居民总收入的比例较低，则反映出这个社会的收入差距较小；反之，则反映出这个社会的收入差距较大。社会两极分化必然导致社会矛盾加深、社会不稳定。习近平总书记高度重视社会不同阶层收入分配问题，十分关注缩小贫富差距问题。他强调要扩大中等收入群体，指出这关系全面建成小康社会目标的实现，是转方式调结构的必然要求，是维护社会和谐稳定、国家长治久安的必然要求。

2011 年，“占领华尔街”运动席卷全美，引发各界对贫富差距问题的再思考。显然这并不仅仅是“美国问题”，社会两极分化不仅动摇了美国人逐梦的信心，而且对于世界上许多国家来说，也是一个严峻的挑战。

高速发展中的新兴经济体同样普遍面临贫富差距扩大问题，在表 2-4 中，巴西收入最高的 10% 家庭的收入占居民总收入的比例超过 40%，俄罗斯、中国和印度均在 30% 左右。欧洲各国情况不一，英、法在 25% 左右，福利国家芬兰、比利时的贫富差距则较小。

表 2-4　部分国家收入最高 10% 家庭收入占居民总收入的比例

（%）

国家	占比	国家	占比
巴西	40.50	俄罗斯	29.70
哥伦比亚	40.00	阿根廷	29.10
智利	38.00	南非	25.90
墨西哥	36.30	英国	25.40
土耳其	32.10	法国	24.70
中国	31.43	丹麦	23.40
美国	30.60	芬兰	21.50
印度	29.77	比利时	20.70

说明：巴西、智利、俄罗斯和英国为 2015 年数据，南非和中国为 2012 年数据，印度为 2011 年数据，其余则为 2016 年数据。

数据来源：IMD, World competitiveness yearbook, 2018, 2019.

| 小贴士 |

二八定律

意大利经济学家、社会学家帕累托通过大量实证研究发现：社会上 20% 的人占有 80% 的社会财富。

最初该定理只应用于经济领域，后来人们发现这个世界上充满了不平衡性，很多都能用该定理解释，故逐渐被推广至社会学、管理学等社会生活中的诸多领域。其大意是：在任何特定群体中，重要的因子通常只占少数，不重要因子占多数，故只要能控制具有重要性的少数因子即能控制全局。

比如，心理学有“20% 的人身上集中了人类 80% 的智慧”，管理学有“一个企业 80% 的利润来自它 20% 的项目”，等等。

| 小贴士 |

“占领华尔街”运动

2011 年 9 月 17 日，上千名示威者聚集在美国纽约曼哈顿，试图占领华尔街，示威组织者称，他们的意图是反对美国政治的权钱交易、两党政争以及由此带来的社会不公。

（七）城乡差距有多大

城乡发展不平衡是世界性难题，并不是“中国特色问题”。从历史发展的角度来看，城市的发展往往是伴随着商品经济的发展，各种经济发展资源，包括人口、技术、资金等向城市聚集，城市率先发展起来，而乡村则很少发展或发展不充分。从现实发展的角度来看，城市往往成为发展的核心区域，蕴藏着更多的发展机遇，拥有更高的劳动生产率和经济效益，城市更加成为吸纳发展资源的地方。长期来看，各国在工业化进程中均经历过城乡差距先扩大后缩小的过程。实现工农收入趋向平衡，美国花了近 70 年，而日本则花了近 100 年。

我国近 10 年城乡收入比均高于 2.6∶1，但自 2009 年以来，随着农村居民人均可支配收入的提高，该比例连续 10 年持续下降，由 2009 年的 3.33∶1 降至 2014 年的 2.75∶1，2019 年更降至 2.64∶1（见图 2-5）。

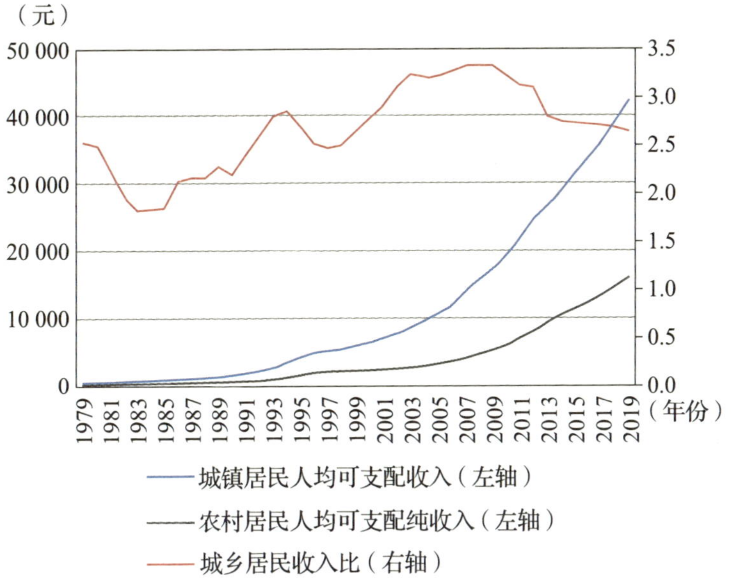

图 2-5　1979—2019 年城乡居民人均可支配收入及其差别

数据来源：国家统计局，http://www.stats.gov.cn.

当然，这个比例仅仅是收入的“账面比值”，若考虑农民需将一部分收入用于第二年扩大再生产（如购买种子、农药、化肥等），农民能真正用于消费的钱仍低于其收入。此外，城镇居民收入中还有一部分并没有纳入统计范围，如各类隐性福利，教育、卫生等诸多方面的优惠等。因此，城乡收入的“实际比值”应高于“账面比值”。

导致我国城乡收入差异的原因是多方面的。比如，从总体上讲有农村区位劣势、城乡二元结构、剪刀差等。具体而言，包括农民经营性收入增长空间小，工资性收入增幅趋缓，转移性收入挑战较多，财产性收入增长潜力释放不足，等等。

切实增加农民收入是缩小城乡差距的根本途径。为此，我国政府采取了多种途径和方式增加农民收入，一是完善强农富农惠农政策，挖掘农业内部增收潜力。农业的发展离不开国家的支持和保护，要以现代农业的快速发展带动农民收入的持续增加。二是强化就业创业扶持政策，拓宽农民增收渠道。推动广大农民融入大众创业、万众创新的活动之中，带动农村一二三产业融合发展，激活各类资源要素，使农民从中受益。三是构建城乡一体化发展长效机制，释放农民增收新动能。通过农村土地制度、产权制度改革等制度创新，建立有利于农民增收的制度环境和内生机制；通过降低进城农民生活成本，使农民更好地融入城市生活；等等。

| 小贴士 |

剪刀差与城乡二元结构

剪刀差是指工农业产品交换时，工业品价格高于价值、农产品价格低于价值时出现的差额。剪刀差也是发达国家在国际贸易中常用的一种重要交换手段。

城乡二元经济结构一般是指以社会化生产为主要特点的城市经济和以小生产为主要特点的农村经济并存的经济结构。

在发展中国家由传统农业经济向现代工业经济过渡的进程中，由于农村相对落后的生产生活方式与城市不断进步的现代生产生活方式之间的冲突，会出现组织形式和社会存在形式上的不对称，即所谓“城乡二元结构”。

这种状态既是发展中国家经济结构存在的突出矛盾，也成为国家相对贫困和落后的重要原因。发展中国家的现代化进程，可以说在很大程度上是要实现城乡二元结构向现代经济结构的转变。

| 小贴士 |

工业化

工业化是国家或地区制造业和第二产业在国民经济中的比重及其就业比重不断上升的过程。欧洲主要国家自 18 世纪开始的工业革命推动了其经济社会的快速发展，推动其由农业社会向现代工业社会转变，由此，工业化被认为是实现现代化的重要过程。

我国提出了新型工业化的概念，即强调信息技术和工业化的互动，形成科技含量高、经济效益好、资源消耗低、环境污染少、人力资源优势得到充分发挥的工业化道路。

三

物价：过高过低都不好

（一）读懂 CPI

消费者价格指数（Consumer Price Index，CPI）是一个反映居民家庭一般购买的消费价格水平变动情况的宏观经济指标。它也是进行经济分析和决策、价格总水平检测和调控及国民经济核算的重要指标。CPI 的变动率在一定程度上反映了通货膨胀或者通货紧缩的程度。

CPI 与一国的经济发展水平、经济发展阶段和经济发展政策有关。发达国家用 CPI 表示的通货膨胀情况普遍较低，新兴经济体（如印度、俄罗斯）CPI 普遍较高（见图 3-1）。从经济长期发展的角度来看，CPI 过高或者过低都不利于经济发展。CPI 高，表明居民消费物价水平在抬高，即同样的商品更贵了，或者说“钱不值钱了”；客观来说，CPI 长期处于低位甚至负数，则一般反映经济停滞的状况，并不利于刺激经济发展。

我国 CPI 涵盖城乡居民生活消费的食品、烟酒、衣着、家庭设备用品及维修服务、医疗保健和个人用品、交通和通信、娱乐教育文化用品及服务、居住等八大类 262 个基本分类的商品与服务价格。从纵向考察，我国 CPI 与 GDP 的走势是基本相同的，当 GDP 增长迅速时，CPI 的增长也较高；当 GDP 增长放缓时，CPI 增幅也会收紧。从图 3-1 中，我们可以发现，中国、印度总体是 GDP 增长较快的国家，CPI 也在较合理区间；俄罗斯 CPI 较高且波动幅度较大，对其 GDP 增长的负面影响较大；美国 CPI 长期居于较低水平，其 GDP 增长同样长期比较低迷。

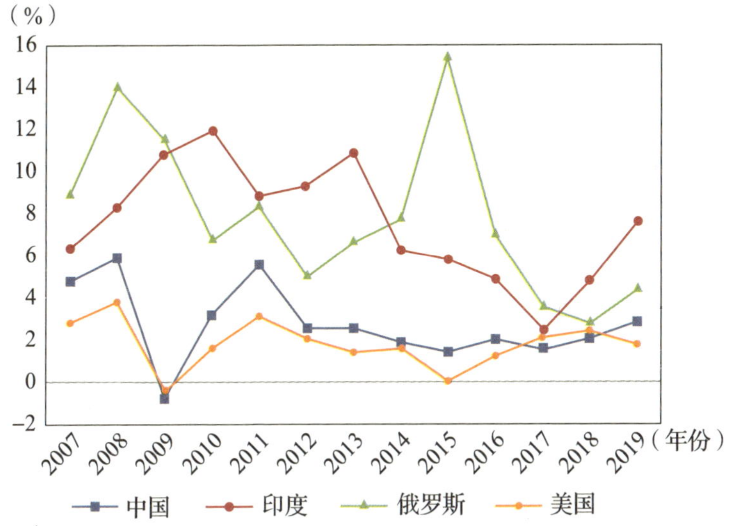

图 3-1　2007—2019 年部分国家 CPI 变动情况

数据来源：世界银行，https://data.worldbank.org.cn.

（二）再看 PPP

PPP 是根据各国类似商品的不同价格水平计算出来的货币之间的比值系数，即在不同国家或地区购买相同品质和数量的消费品所花费的不同货币的比值，是比较经济发展和货币实际购买力的一种测算方法。简单来说，同样的汉堡在美国和中国卖不同的美元和人民币价格，两个价格的比值就是美元和人民币的实际价值之比。实际上，该方法所选择的商品不仅是汉堡或食品，而是包含上千种常用商品和服务的一篮子消费品。

PPP 的测算过程由世界银行主导，我国国家统计局参与，称为国际比较项目（International Comparison Program，ICP）。2020 年 5 月 19 日，世界银行发布了基于 2017 年数据开展的国际比较测算结果。按 PPP 法计算，我国 2017 年 GDP 为 19.6 万亿美元，比美国略高 0.5%，已成为世界第一经济大国，占世界经济总量的 16.4%；人均 GDP 为 14 150 美元，比当年汇率法[①] 人均 GDP 高出 5 391 美元，位居世界第 90 位（我国汇率法人均 GDP 排名为世界第 79 位），相当于世界平均水平的 85.3%、美国的 23.6%。

我国 2017 年 PPP 为 1 美元相当于 4.18 元人民币，即购买 1 美元产品仅需 4.18 元人民币，而当年市场汇率是 1 美元等于 6.75 元人民币，即人民币的购买力实际比市场汇率换算的要高，这也是多数发展中国家货币购买力的特征。

从分类商品来看，假设全世界用同样的货币，相比在美国消费，在中国买同样的牛奶和酒精饮料更贵，分别要比在美国多花 36% 和 38%；在中国享受交通、医疗健康服务和教育更加便宜，同等服务仅需花费在美国的 56%、34% 和 43%。也就是说，中国多数有形商品的价格比美国贵，但多数服务的价格比美国便宜。同样和美国比，在法国购买肉类和水果更贵，但医疗健康服务、教育更便宜。瑞士几乎所有类别消费都比美国贵很多，俄罗斯、泰国和印度则几乎所有消费都比在美国同等消费花得更少（见表 3-1）。

① 即按照汇率换算。

表 3-1　2017 年 ICP 部分国家分类商品货币相对美元购买力（相对数）

商品和服务	中国	法国	瑞士	俄罗斯	泰国	印度
食品	0.95	1.02	1.56	0.50	0.60	0.43
肉	0.78	1.28	2.35	0.69	0.55	0.52
牛奶	1.36	0.89	1.26	0.81	0.91	0.62
水果	1.05	1.19	1.31	0.62	0.74	0.43
蔬菜	0.60	0.96	1.46	0.45	0.56	0.31
酒精饮料	1.38	0.76	0.99	0.58	1.21	1.27
服装鞋帽	1.09	1.03	1.18	0.75	0.36	0.28
交通	0.56	1.25	1.55	0.52	0.33	0.32
通信	0.44	0.54	0.70	0.17	0.38	0.19
餐饮住宿	0.59	1.15	1.59	0.63	0.32	0.33
医疗健康服务	0.34	0.61	1.35	0.19	0.24	0.14
教育	0.43	0.46	1.06	0.10	0.16	0.15

说明：本表将各类商品和服务的 PPP 价格除以美元兑换本币的汇率价格，得到各国相对于美国购买同样商品的相对价格，该数值大于 1，表明该类商品在美国更便宜；小于 1，表明在美国更贵。

数据来源：世界银行，作者换算。

（三）黄金能抗通胀吗

黄金自古以来就是人们追求的重要财富。黄金以其稀少而珍贵，据研究者称，在 19 世纪之前，人类生产黄金总共不到一万吨。黄金生产大幅提升是 19 世纪以后的事情了。马克思曾经说，金银天然不是货币，但货币天然是金银。

世界七大黄金交易中心分别为：苏黎世、伦敦（堪称世界最古老的黄金交易市场）、纽约（最大的黄金期货交易市场）、东京（交易量约为纽约的 2/3）、新加坡（黄金进口大国）、香港、悉尼与墨尔本（澳大利亚是产金大国）。中国和印度是世界最大的黄金需求国。这不仅与两国人民的财富观有关系，也与两国人民的文化传统、生活习俗、宗教信仰有关系。

20 世纪 70 年代以前，黄金价格基本上由各国政府及其中央银行决定，国际金价比较稳定。20 世纪 70 年代以后，黄金价格不再与美元直接挂钩，黄金价格逐渐市场化。影响黄金价格变动的因素很多，包括黄金生产与供给、黄金需求、各国财政政策与货币政策等。

国际金价走势与政治、经济和军事事件密不可分，大范围的战争冲突、金融危机、大国货币政策、极端事件以及重大法案的通过都会对国际金价造成冲击，带来短期大幅波动。如果考虑通胀因素，以 1982—1984 年的美元为基准价格，计算可比价格后发现，长期来看，黄金价格对通货膨胀的反应并没有想象中的那么大（见图 3-2）。

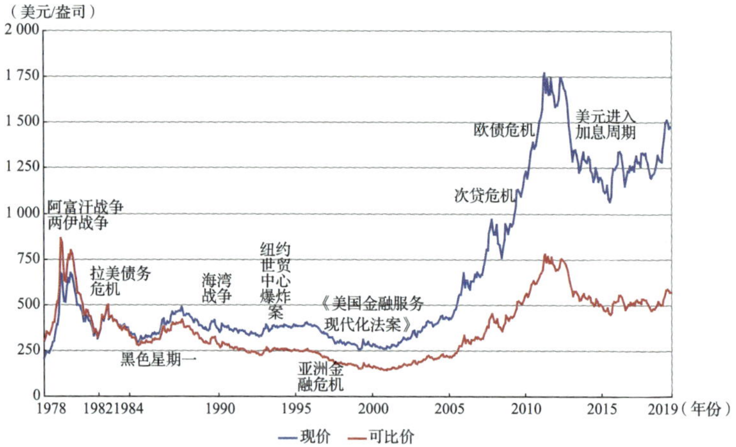

图 3-2　国际黄金价格走势

数据来源：世界黄金协会，https://www.gold.org.

四

消费：赚钱为什么

消费是社会再生产过程中的一个重要环节，也是最终环节。在我国社会主义制度下，社会生产的目的是满足人们日益增长的美好生活的需要，因而消费是推动社会生产发展的强大动力。

具体而言，最终消费支出是一个国家（地区）所有居民和政府部门在一定时期内为满足物质、文化和精神生活需要的全部消费支出。而这些消费支出所对应的产品和服务可以是本地制造的，也可以是从外国（外地）购买的。消费是拉动经济增长的“三驾马车”之一，是我国经济长期保持高速增长的重要动力。

在世界经济贸易持续下滑、国际金融市场波动加剧、地区和全球性挑战突发多发的背景下，我国出口严重受阻，投资活动面临结构性调整。在这种情况下，人们将目光转向消费，希望通过拉动内需来保增长。最近几年，消费对经济增长的拉动作用不断增强。2019 年最终消费对 GDP 增长的贡献率为 57.8%，连续 9 年成为经济增长的第一拉动力。

| 小贴士 |

三驾马车

一国或一地区的经济状况和发展水平常用GDP来衡量。从支出法来看，GDP有三个组成部分，即投资、消费、净出口，因此经济学中常将投资、消费、净出口比喻为拉动经济增长的“三驾马车”。一般通过投资率、消费率和净出口率来考察三大需求占GDP的比重；三者对经济增长的拉动率是当年三者的增量分别占GDP总增量的比重，也称为三大需求对经济增长的贡献率。“三驾马车”齐头并进、协同发展对于一国经济是最好的状态，否则会带来结构失衡的问题。

改革开放以来，我国经济保持高速增长。但是长期以来，“三驾马车”对于我国经济增长贡献率相差较大，形成了过度依赖投资和出口的局面。

（一）我国最终消费有多少

2019年我国最终消费支出为55.15万亿元，占支出法GDP的55.43%，其中居民消费支出为38.59万亿元，占最终消费支出的69.97%。改革开放以来，最终消费占GDP比重先是稳定在60%左右，2000年左右开始下降，并于2007年开始稳定在50%左右；最终消费中居民消费占比长期稳定在70%～80%；居民消费中城镇居民消费上升明显，从1980年的39.45%上升至2018年的78.20%（见图4-1）。最终消费已经成为拉动我国经济增长的主要动力。

还应该看到，推动最终消费增长的因素也在变化，既有城乡居民收入持续保持较快增长这个根本因素，又有流通方式创新带来的消费方式创新的影响，特别是：网络化对消费的推动，消费结构继续升级、服务消费快速增长的带动，消费环境不断改善，消费需求得到有效刺激。

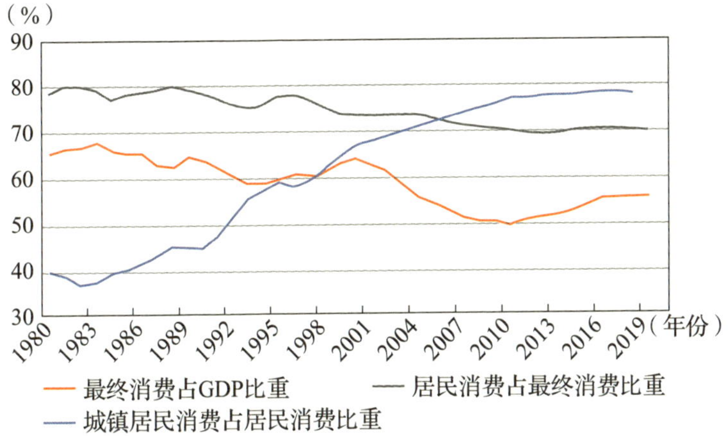

图 4-1　1980—2019 年我国几类最终消费比重及变动

说明：城镇居民消费占居民消费比重数据截至 2018 年。

数据来源：国家统计局，data.stats.gov.cn.

| 小贴士 |

最终消费

最终消费支出是指一个国家或地区所有居民和政府部门在一定时期内为满足物质、精神和文化生活需要的全部消费支出。它是支出法 GDP 的重要组成部分，可以分为两个部分：居民消费和政府消费。

支出法 GDP = 最终消费 + 资本形成总额
+ 货物和服务净出口

（二）我国的居民消费率高吗

居民消费率的高低与国家经济发展程度并无直接联系，但它却是衡量一个国家经济发展良性与否的重要指标。居民消费率不合理直接关系到居民的消费能力和消费水平，影响国民经济的健康良性运行。发达国家中，美国、英国等居民消费率较高，欧洲高福利国家居民消费率普遍较低，政府消费率很高。发展中国家居民消费率普遍较高，而我国居民消费率则长期处于低位，有很大的增长空间（见表 4-1）。

表 4-1　2018 年部分国家或地区居民消费占 GDP 比重　（%）

IMD 排名	国家或地区	占比	IMD 排名	国家或地区	占比
1	约旦	87.0	54	瑞典	44.1
2	乌克兰	80.7	55	挪威	43.3
3	菲律宾	73.8	56	荷兰	42.4
4	哥伦比亚	68.5	57	阿联酋	38.5
5	中国香港	68.4	58	中国内地	38.4
6	美国	68.1	59	沙特阿拉伯	38.1
7	塞浦路斯	67.5	60	新加坡	34.1
8	英国	66.1	61	爱尔兰	30.9
9	希腊	65.3	62	卢森堡	30.6
10	阿根廷	65.0	63	卡塔尔	22.0

说明：中国内地为 2017 年数据，约旦为 2016 年数据。

数据来源：IMD, World competitiveness yearbook, 2019.

1995—2018 年，个别国家居民消费支出占 GDP 比重在一定时期内保持相对稳定，我国居民消费支出占比自 2000 年后经历一个下降时期，目前基本稳定在 35% ～ 40% 之间，与其他各国相比处于较低水平（见图 4-2）。

自 2014 年以来，我国居民人均消费支出增长率持续高于 GDP 增长率（见图 4-3）。我国消费规模正在迅速扩大，已经

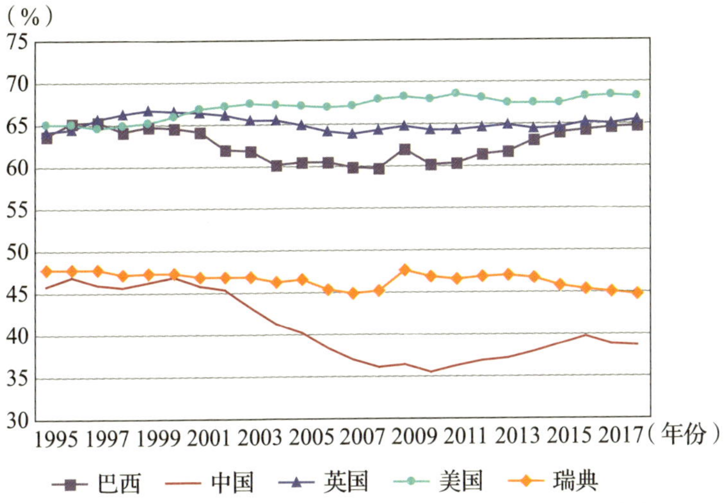

图 4-2　1998—2018 年部分国家居民及 NPISHs 最终消费支出占 GDP 比重变化

说明：NPISHs 表示为住户服务的非营利机构部门。

数据来源：世界银行，https://data.worldbank.org.cn.

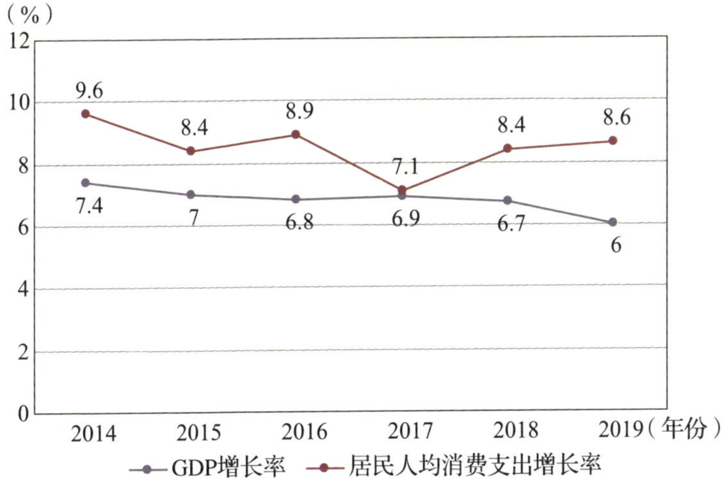

图 4-3　中国 GDP 增长率和居民人均消费支出增长率

说明：从 2013 年起，国家统计局开展了城乡一体化住户收支与生活状况调查，2013 年及以后数据来源于此项调查，这与 2013 年前的分城镇和农村住户调查的调查范围、调查方法、指标口径有所不同。

数据来源：国家统计局，data.stats.gov.cn.

成为全球最大和最具成长性的新兴市场。与此同时，我国正在步入消费型社会，消费形态和结构正在发生深刻转变，包括消费需求由满足日常需求向追求品质转变，消费方式由单纯的线下发展向线上和线下相融合发展转变，消费品类从商品为主向商品和服务并重转变，消费行为从模仿型、排浪式消费向个性化、多样化、多层次消费转变，消费理念从讲排场、重攀比向绿色节约转变。

（三）我们到底吃掉多少钱

吃饭问题是人类社会面临的最大的问题，解决吃饭问题也是人类社会进步的基本动力之一。通常人们将食品支出占家庭最终消费支出的比例——恩格尔系数，作为一个基本指标。

通常，发达国家的恩格尔系数较低，发展中国家的恩格尔系数较高。部分发达国家的恩格尔系数低于 10%，在发展中国家中，我国居于平均水平，巴西已低于 20%，较高的菲律宾超过 40%（见图 4-4）。从 2016—2017 年，几乎所有国家食品支出占比均有不同程度的下降，表明居民生活有所改善。

1990 年代至今，我国城乡居民恩格尔系数的差异经历了先大后小的过程，2019 年两者分别为 27.6% 和 30.0%。

从图 4-5 所显示的情况可知，1980 年我国农村居民恩格尔系数约为 62%，城镇居民约为 57%，基本温饱问题尚未解决。40 年来，随着我国国民经济的发展和居民整体收入的提高，我国城乡居民恩格尔系数都在不断下降。解决好吃饭问题才能更好地解决发展问题。从一定意义上讲，中国较好地解决了 14 亿人口的吃饭问题和发展问题，就是对世界最大的贡献。

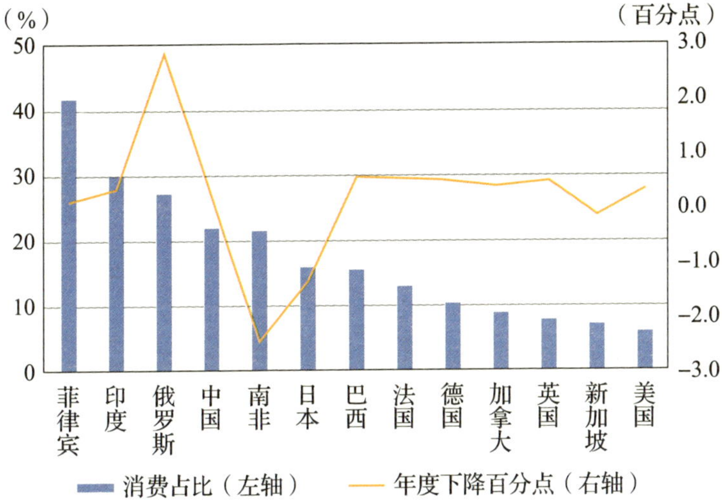

图 4-4　2017 年食品支出占家庭最终消费支出比例及其变化

数据来源：IMD, World competitiveness yearbook, 2018, 2019.

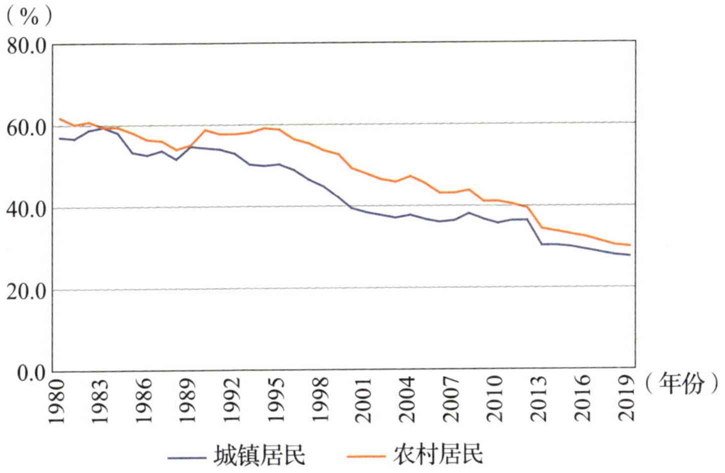

图 4-5　1980—2019 年我国城乡居民恩格尔系数变化

数据来源：国家统计局，data.stats.gov.cn.

| 小贴士 |

恩格尔系数

恩格尔系数是食品支出占家庭最终消费支出的比重。19 世纪德国统计学家恩格尔根据统计资料发现：一个家庭收入越少，家庭总收入中或总支出中用来购买食物的支出所占的比重就越大，并且该比重会随着收入的提高而下降。

因此一个家庭的恩格尔系数越小，就说明这个家庭经济越富裕，推广开来，一个国家的恩格尔系数越大，每个国民的平均收入或平均支出中用于购买食物的支出所占比重就越大，说明这个国家就越穷，而随着国家的富裕，这个比重会呈下降趋势。

（四）城乡居民膳食结构

膳食结构是指膳食中各类食物的数量及其在膳食中所占的比重。目前世界上大致可以分为西方膳食结构、东方膳食结构和地中海式膳食结构三种类型，以中国为代表的东方膳食结构是以植物性食物为主、动物性食物为辅。

合理的膳食结构和水平是一个国家或地区经济发展的重要体现。在我国，农村居民人均消费粮食显著多于城镇居民，城镇居民的食品消费更加分散和均衡，在菜、肉、水产品、奶和瓜果上的消费均高于农村居民（见图 4-6）。随着我国经济的发展和城乡居民人均收入水平的提高，我国城乡居民的膳食结构不断改善，从“吃得饱”向“吃得好”转变，各种合理膳食、健康饮食的观念深入人心。

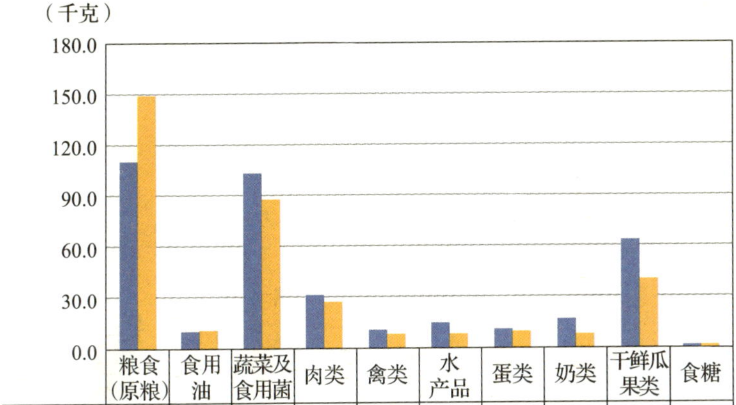

	粮食（原粮）	食用油	蔬菜及食用菌	肉类	禽类	水产品	蛋类	奶类	干鲜瓜果类	食糖
城镇居民	110.0	9.4	103.1	31.2	9.8	14.3	10.8	16.5	62.0	1.3
农村居民	148.5	9.9	87.5	27.5	8.0	7.8	8.4	6.9	39.9	1.3

图 4-6　2018 年中国城镇、农村居民人均主要食品消费量

数据来源：国家统计局，data.stats.gov.cn.

（五）城乡居民消费结构的变化

消费水平反映生活水平。2019 年，我国城镇和农村居民人均消费支出分别为 28 063 元和 13 328 元，这两个数字较之于 2018 年人均消费支出分别上升了 7.47% 和 9.93%（未经价格处理）。城镇居民和农村居民的消费支出结构相差不大，农村居民在食品、交通通信和医疗保健上的支出比例略高于城镇居民（见图 4-7）。

消费结构的变化反映着需求结构的变化。1995—2019 年，食品和居住一直是居民消费支出的大头。近年来，我国城乡居民食品支出占消费支出比例下降明显，且农村与城镇居民在这方面的差异逐渐减小。城乡居民居住支出占比逐渐升高，尤其是城镇居民，自 2013 年开始其居住支出占比已经超过农村居民（见图 4-8）。

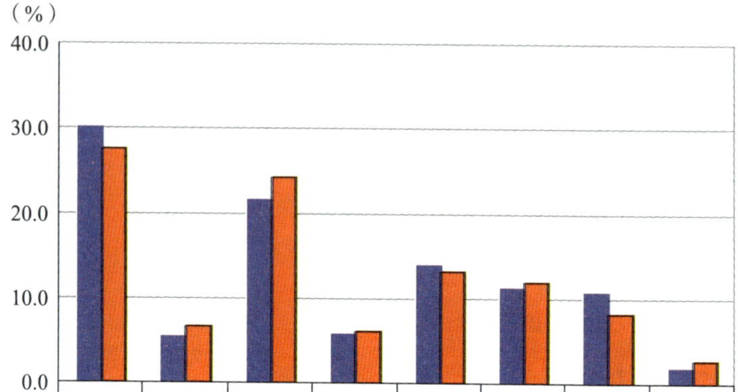

	食品与烟酒	衣着	居住	生活用品及服务	交通通信	教育文化娱乐	医疗保健	其他用品及服务
农村居民	30.0	5.3	21.5	5.7	13.8	11.1	10.7	1.8
城镇居民	27.6	6.5	24.2	6.0	13.1	11.9	8.1	2.7

图 4-7　2019 年中国城镇、农村居民人均消费支出占比情况

数据来源：国家统计局，data.stats.gov.cn.

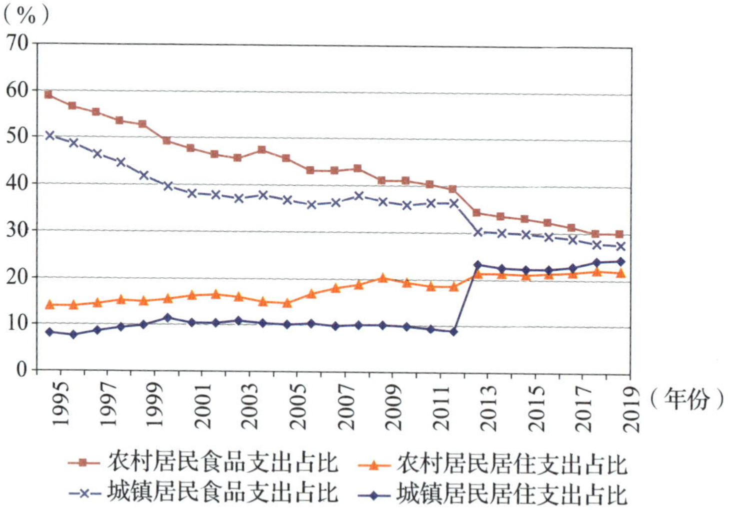

图 4-8　中国城乡居民食品和居住支出占比变化情况

数据来源：国家统计局，data.stats.gov.cn.

| 小贴士 |

消费结构

消费结构是指各类消费支出在总费用支出中所占的比重。我国的统计规则将居民消费支出分为八大类别，即食品与烟酒、衣着、居住、生活用品及服务、交通通信、教育文化娱乐、医疗保健、其他用品及服务。

发达国家消费结构的特征是基本生活必需品的支出在家庭总费用支出中所占比重很小，而交通、娱乐、卫生保健、旅游、教育等支出占比较高。发展中国家消费结构的特征是基本生活必需品在家庭总费用支出中占比较高。

（六）企业必须重视消费者满意度

对于企业来说，消费者满意度是消费者对企业的重要评价指标。中国企业对于消费者满意度的重视程度越来越高。在经济全球化背景下，企业及其产品、服务的竞争加剧，客户对企业的评价成为企业经营的重要目标。给客户带来满意度高的产品和服务、建立忠诚的客户群，对于企业发展至关重要。随着社会主义市场经济体制的建立和企业改革的不断深入，中国（不包括港澳台地区）企业对消费者满意度的重视程度在波动中呈现上升趋势，2019 年达到最高点 7.39（见表 4-2）。尤其需要说明的是，在目前“逆全球化”思潮和贸易保护主义抬头的背景下，中国企业更是要重视消费者满意度。

从图 4-9 中可以看出，1995—2019 年，中国企业对消费者满意度的重视程度呈波动性上升趋势。

表 4-2　2019 年部分国家或地区企业对消费者满意度重视程度及其排名情况

排名	国家 / 地区	满意度重视程度	排名	国家 / 地区	满意度重视程度
1	阿联酋	8.08	19	中国内地	7.39
2	奥地利	7.89	24	马来西亚	7.19
3	爱尔兰	7.88	30	德国	7.00
4	日本	7.84	31	南非	6.98
5	立陶宛	7.80	36	乌克兰	6.79
6	卡塔尔	7.77	42	巴西	6.63
7	美国	7.76	46	意大利	6.44
8	中国香港	7.74	49	印度	6.27
9	荷兰	7.66	58	俄罗斯	5.97
10	韩国	7.66	60	阿根廷	5.77

数据来源：IMD, World competitiveness yearbook, 2019.

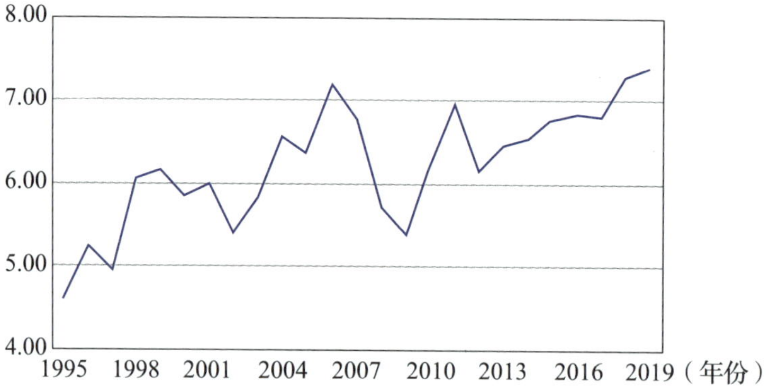

图 4-9　中国企业对消费者满意度重视程度

数据来源：IMD, World competitiveness yearbook, 1995-2019.

（七）您对消费有信心吗

消费者信心指数是反映消费者信心强弱的指标，是综合反映并量化消费者对当前经济形势进行评价和反映经济前景、收入水平、收入预期以及消费心理状态的指标，也是预测经济走势和消费趋向的一个先行指标。

消费者信心指数是 20 世纪 40 年代由美国密歇根大学的调查中心首先开始编制的。中国国家统计局中国经济景气监测中心从 1997 年 12 月开始编制中国消费者信心指数。

美国消费者信心指数大多数时期都小于 100，即基本持悲观态度，尤其是 2008 年国际金融危机以来消费者信心下降明显，后逐步回升，但 2020 年发生的新冠肺炎疫情让消费者信心又大幅下降。相比较而言，中国消费者信心指数则比较稳定，偏向于乐观（见图 4-10）。

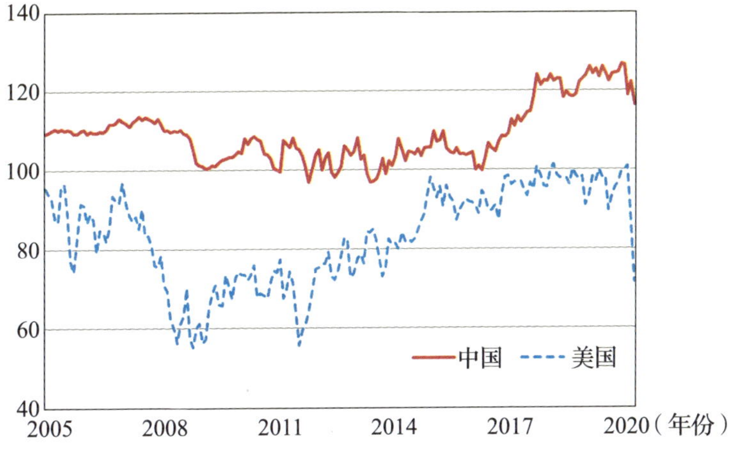

图 4-10　2005 年 1 月—2020 年 4 月中美两国消费者信心指数对比

数据来源：中国国家统计局，data.stats.gov.cn；美国密歇根大学，http://www.sca.isr.umich.edu.

| 小贴士 |

消费者信心指数

消费者信心指数由消费者满意指数和消费者预期指数构成。消费者满意指数，是指消费者对当前经济生活的评价；消费者预期指数，是指消费者对未来经济生活发生变化的预期。指数取值介于 0 ～ 200（或 0 ～ 100）之间，0 表示消费者极度悲观，100 或 50 表示中立，200 或 100 表示消费者极度乐观。有影响力的消费者信心指数：美国密歇根大学消费者信心指数和国会消费者信心指数，万事达卡亚太地区消费者信心指数、欧盟消费者信心指数。中国的消费者信心指数：中国国家统计局中国经济景气监测中心和尼尔森公司发布的消费者信心指数等。

五

投资：怎样才能让钱生钱

根据经济学中的乘数原理和加速原理，投资的增长会带来若干倍国民收入的增长，而国民收入增长又会促进投资，如此反复循环，使得国民收入和投资双双加倍增长，最终反映在经济发展中。相反地，如果投资减少也会带来数倍的国民收入减少，抑制经济发展。

改革开放以来，我国投资规模增长迅速，2019 年固定资产投资达 56.09 万亿元，不考虑价格因素，则是 1980 年的 616 倍，其年均增长率超过了 GDP 的年均增长率。投资成为我国经济快速增长的引擎，投资率（固定资本形成总额占 GDP 比重）上升至 2019 年的 43.1%。没有投资的有力支撑，我国经济不可能维持多年的高增长。

过高的投资率是把双刃剑：投资资金的来源是储蓄，而储蓄是收入减去消费后的余额，投资的大幅增加需要相应的储蓄做支撑，从而可能抑制消费，导致我国经济增长动力的不平衡。

（一）中国的高储蓄率和高投资率

储蓄是投资资金的来源，储蓄率越高，能够支撑的投资率也就越高。高储蓄率和高投资率与经济发展阶段有关，与消费结构和消费偏好有关，也与文化传统有关。例如，我国的储蓄率和投资率均处于较高水平，发达国家则大多是低储蓄率低投资率并存，但也有新加坡、卢森堡等发达国家拥有很高的储蓄率的情况（见图 5-1）。

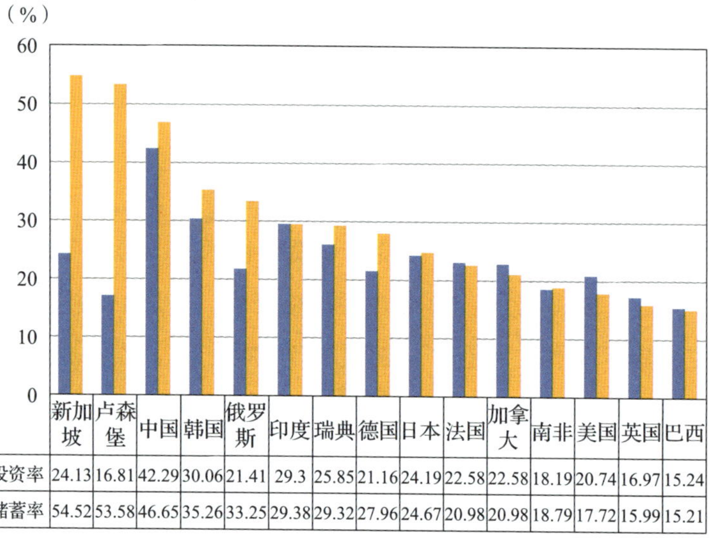

	新加坡	卢森堡	中国	韩国	俄罗斯	印度	瑞典	德国	日本	法国	加拿大	南非	美国	英国	巴西
投资率	24.13	16.81	42.29	30.06	21.41	29.3	25.85	21.16	24.19	22.58	22.58	18.19	20.74	16.97	15.24
储蓄率	54.52	53.58	46.65	35.26	33.25	29.38	29.32	27.96	24.67	20.98	20.98	18.79	17.72	15.99	15.21

图 5-1　2018 年部分国家投资率和储蓄率比较

数据来源：世界银行，https://data.worldbank.org.cn.

由图 5-2 可知，我国的储蓄率和投资率变化趋势基本一致，且储蓄率一直高于投资率，在经历了 2000—2010 年的一段高且较有波动的总体增长时期后，储蓄率和投资率在最近几年呈平稳下降趋势。

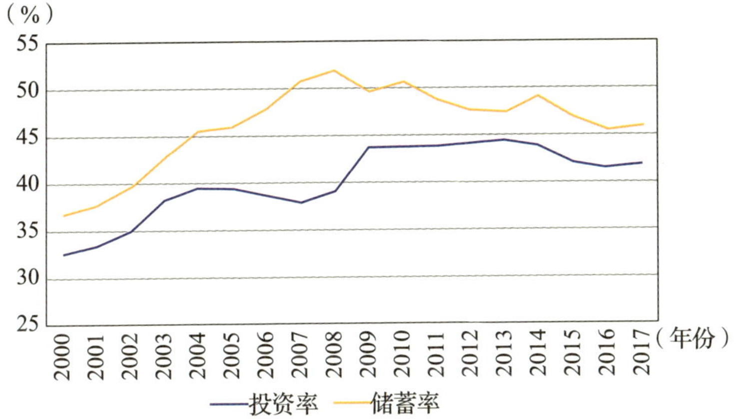

图 5-2　我国 2000—2017 年储蓄率和投资率变化情况

数据来源：国家统计局，data.stats.gov.cn.

| 小贴士 |

储蓄率和投资率

储蓄率 =（国内总储蓄 /GDP）×100%

投资率 =（固定资本形成总额 /GDP）×100%

收入在满足消费之后剩余的部分就是储蓄，储蓄是投资的源泉，一般来说储蓄率越高，投资率越高。

（二）投资这辆马车跑得有多快

在国际金融危机严重的 2008—2010 年，大多数国家或地区的固定资本形成总额呈负增长态势。在金融危机和债务危机的双重打击下，希腊是负增长最严重的国家。中国和印度尼西亚是固定资本形成总额一直保持增长的国家（见图 5-3）。

所谓固定资本形成总额，是指常驻单位在一定时期内获得的固定资产减去处置的固定资产的价值总额，分为有形固定资产形成总额和无形固定资产形成总额。

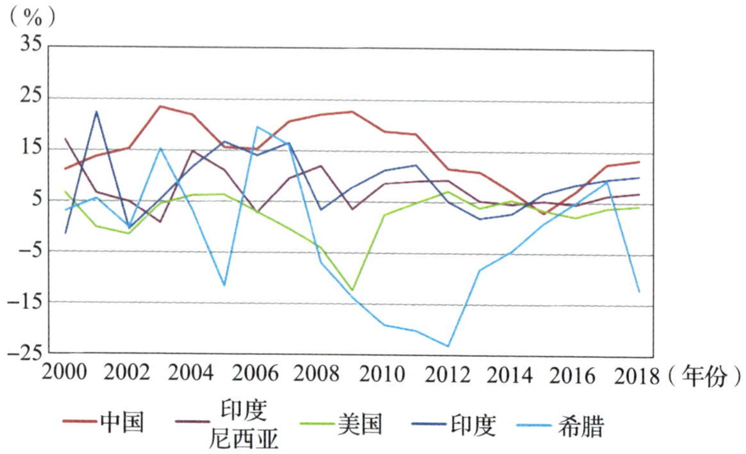

图 5-3　固定资本形成总额实际增长率

数据来源：国家统计局，data.stats.gov.cn；世界银行，https://data.worldbank.org.cn.

中国的固定资本形成总额增长率一直在较高的水平上保持相对稳定，在大多数年份领先于 GDP 增长率，成为推动经济的主要引擎。经过 2015—2016 年的低谷期后，我国的固定资本形成总额增长率在 2017—2018 年又上升到 12% 以上的水平（见图 5-4）。

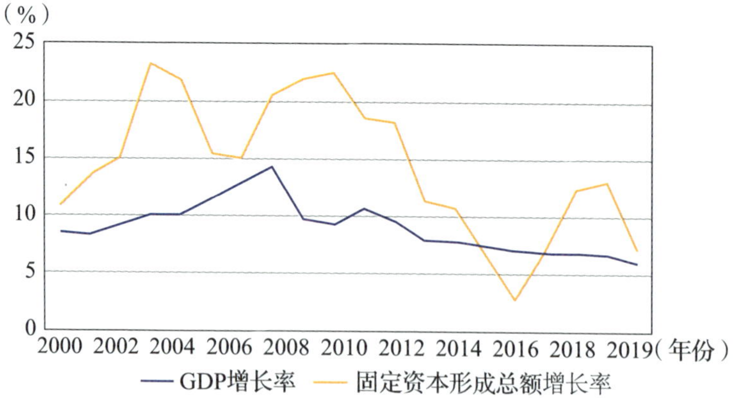

图 5-4　中国不变价 GDP 增长率和固定资本形成总额增长率变化情况

数据来源：国家统计局，data.stats.gov.cn.

（三）中国市场吸引力有多大

2019年，中美两国是外商直接投资净流入最大的国家，而且从整体上看，发达国家的外商直接投资净流入高于发展中国家。尽管如此，中国仍然在全世界外商直接投资净流入最多的国家或地区中排名第二（见表5-1），这表明中国仍然是外商直接投资的主要目的地，外商对中国经济发展和中国市场具有信心。我国外商直接投资净流入在2013年经历了一次高峰（见图5-5）。

表5-1　2019年部分国家或地区外商直接投资净流入　（10亿美元）

国家或地区	金额	国家或地区	金额
美国	310.81	印度	50.61
中国内地	155.82	加拿大	44.88
新加坡	105.47	俄罗斯联邦	31.78
巴西	78.56	荷兰	28.06
法国	67.11	英国	27.03
中国香港	53.17	南非	4.62
德国	51.01	爱尔兰	−79.27

数据来源：世界银行，https://data.worldbank.org.cn.

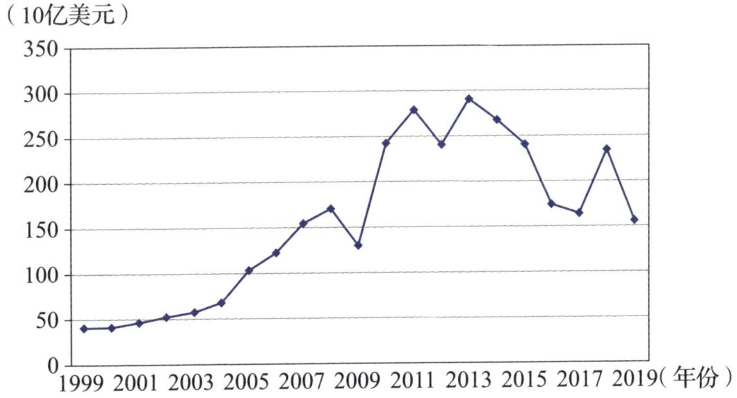

图5-5　1999—2019年中国内地外商直接投资净流入变化情况

数据来源：世界银行，https://data.worldbank.org.cn.

| 小贴士 |

外商直接投资

外商投资有两种方式：外商直接投资（foreign direct investment，FDI）和外商其他投资，其中FDI进入中国的主要形式是：中外合资经营企业、中外合作经营企业、外商独资经营企业、中外合作开发。一般认为，FDI会给流入地带来巨大利益，如补充资本、知识和技术转移、先进的管理方式和理念等，最终促进经济发展。

（四）中国的外商直接投资来自哪里

中国外商直接投资区域集中度非常高，主要分布在少数几个国家或地区，亚洲占比最高，而在其他大洲则多集中于发达国家、避税岛或自由港（见表5-2）。表5-3具体反映了2018年中国内地FDI来源20亿美元以上的国家或地区投资金额及占比。

表5-2　2018年中国实际利用外商直接投资洲际分布

大洲	亚洲	欧洲	拉丁美洲	北美洲	大洋洲	非洲
金额（亿美元）	1 070.1	111.9	90.3	51.5	19.1	6.1
占比（%）	79.29	8.29	6.69	3.81	1.41	0.45

数据来源：国家统计局，data.stats.gov.cn.

表5-3　2018年中国内地FDI来源20亿美元以上国家或地区投资金额及占比

国家或地区	金额（亿美元）	占比（%）
中国香港	899.17	66.6
新加坡	52.10	3.9

续前表

国家或地区	金额（亿美元）	占比（%）
维尔京群岛	47.12	3.5
韩国	46.67	3.5
开曼群岛	40.68	3.0
日本	37.98	2.8
德国	36.74	2.7
美国	26.89	2.0
英国	24.82	1.8
百慕大群岛	21.67	1.6
其他	115.82	8.6
合计	**1 349.66**	**100.0**

数据来源：国家统计局，data.stats.gov.cn.

外商直接投资规模反映了一个国家的整体投资环境和市场吸引力，也反映了一个国家的开放程度。我国吸引外资也呈现了一些新特点：一是吸引外资规模不断创新高；二是外资质量提高，产业结构不断优化；三是改革措施成效显现，如自由贸易试验区引资效应明显等；四是全球 500 强跨国公司投资增资踊跃；五是对我国经济社会促进作用增强。

| 小贴士 |

著名国际避税岛

对外直接投资有相当比例来源于偏僻的小群岛，这些群岛多为全球著名的避税岛。避税岛的特点是可以避税，注册成本低，法律宽松。世界著名的避税岛有开曼群岛、英属维尔京群岛、百慕大群岛、毛里求斯（称为“非洲的瑞士”）、汤加（大洋洲投资圣地)、泽西岛。

避税岛的资金来源多样化，部分资金可能是本国流出后再回流成为“外资”。避税岛问题存在双面性，一方面便利地推动了国际投资，另一方面也给各国税收稽查带来难度。2008年国际金融危机以来，各国对于避税岛的问题都有所重视，旨在打击逃税，规范富人收入，提升国民福利。

（五）我国资本“走出去”了多少

近年来，我国不仅积极引进外资，也鼓励本国资本“走出去”，对外直接投资成效显著。2018年，中国内地对外投资流量跃居世界第四，达1 298.3亿美元。德国、英国、日本等发达经济体仍是对外直接投资最活跃的地区，流量和存量均居世界前列。由于起步较晚，中国内地对外直接投资存量仍然较低，2019年，中国内地对外直接投资存量是美国的27%（见表5-4）。随着经济全球化和中国经济实力的提升，我国对外直接投资将会显著增加，我国对世界经济增长的贡献和拉动也会不断增强。

表5-4　2019年部分国家或地区对外直接投资流量和存量

国家或地区	流量排名	流量（十亿美元）	国家或地区	存量排名	存量（十亿美元）
日本	1	248.7	美国	1	7 721.7
美国	2	188.5	荷兰	2	2 565.3
德国	3	134.9	中国内地	3	2 099.4
中国内地	4	97.7	英国	4	1 949.4
荷兰	5	78.2	日本	5	1 818.1
加拿大	6	73.8	中国香港	6	1 794.0

续前表

国家或地区	流量排名	流量（十亿美元）	国家或地区	存量排名	存量（十亿美元）
法国	7	55.7	德国	7	1 719.4
中国香港	8	44.1	加拿大	8	1 652.5
维尔京群岛	9	41.0	法国	9	1 532.8
韩国	10	35.5	瑞士	10	1 526.2

数据来源：根据世界银行和 UNCTAD 公布的数据整理。

（六）我国资本“走出去”到了哪里

中国对外直接投资存量集中度较高，从洲际来看，主要分布在亚洲和拉丁美洲；从各洲内部来看，也主要分布在少数几个国家或地区。2018 年，中国内地投资到中国香港的资金占投资亚洲总资金的 86.23%，拉丁美洲主要集中在英属维尔京群岛、开曼群岛。中国对欧洲、北美洲、大洋洲的直接投资分布在主要发达国家，而非洲投资流向多是自然资源丰富的国家，具体存量洲际分布情况如表 5-5 所示。

表 5-5　2018 年中国对外投资存量洲际分布情况

大洲	金额（亿美元）	占比（%）
亚洲	12 761.3	64.38
拉丁美洲	4 067.7	20.52
欧洲	1 128.0	5.69
北美洲	963.5	4.86
非洲	461.0	2.33
大洋洲	441.1	2.22
总额	**19 822.6**	**100.00**

数据来源：国家统计局，data.stats.gov.cn.

表 5-6 具体列出了 2018 年中国内地对外直接投资存量前 10 的国家或地区。

表 5-6　2018 年中国内地对外直接投资存量前 10 的国家或地区

国家或地区	金额（亿美元）	占比（%）(四舍五入)
中国香港	11 003.9	55.51
开曼群岛	2 592.2	13.08
英属维尔京群岛	1 305.0	6.58
美国	755.1	3.81
新加坡	500.9	2.53
澳大利亚	383.8	1.94
英国	198.8	1.00
俄罗斯	142.1	0.72
德国	136.9	0.69
印度尼西亚	128.1	0.65

数据来源：国家统计局，data.stats.gov.cn.

随着中国"一带一路"倡议得到越来越多国家的理解和支持，"一带一路"建设坚持的共商共建共享、优势互补、互利共赢、合作发展、造福人民的理念也越来越深入人心，一批重大项目建设在"一带一路"沿线国家落地，带动了当地经济发展，创造了大量就业，增进了当地人民的福祉，也促进了中国资本的对外直接投资活动。

（七）中国的市场环境如何

习近平总书记指出："中国开放的大门永远不会关上。"中国经济发展的历史表明，开放是国家繁荣发展的必由之路。开放程度较高的国家的法律环境较为宽松，对公司的支持度较高，便于公司开展各项业务，即拥有较好的市场环境。中国正在着力提升市场环境，目前在支持企业开展业务方面的评分与美、英等发达国家相差不多，比其他金砖国家拥有更多优势（见表 5-7）。

表 5-7　2018 年部分国家法律法规对开展业务的支持度排名与得分

排名	国家	开展业务支持度得分
1	新加坡	8.35
3	阿联酋	7.76
4	丹麦	7.47
7	新西兰	7.13
15	美国	6.58
17	英国	6.41
25	中国	5.61
31	日本	5.41
32	德国	5.33
33	印度	5.22
46	南非	4.16
56	俄罗斯	3.17
57	韩国	3.04
59	巴西	2.69

数据来源：IMD, World competitiveness yearbook, 2018.

在创立公司支持度方面，中国法律法规比其他金砖国家支持度要高，与发达国家相比仍存在一定距离（见表 5-8）。综合来看，中国法律法规体系对企业的支持程度处于中等水平，还有很大改进空间。

表 5-8　2019 年部分国家法律法规对创立公司的支持度排名与得分

排名	国家	创立公司支持度得分
1	新加坡	8.79
2	丹麦	8.6
4	瑞典	8.49
5	荷兰	8.48
6	阿联酋	8.38
10	美国	7.98
21	英国	7.35
31	日本	6.73
32	中国	6.73
34	印度	6.65
42	南非	6.13
47	俄罗斯	5.78
49	韩国	5.36

数据来源：IMD, World competitiveness yearbook, 2019.

| 小贴士 |

市场环境

“创立公司”是指一国的法律对创立公司的支持程度，“开展业务支持度”是指一国的规章制度对公司开展业务的支持程度。概括起来就是，对于公司来说，一国的法律法规是否完善健全。健全的法律法规体系是市场开放的前提，也是拥有良好市场环境的核心要素。

（八）中国市场的开放程度如何

通常一个经济体市场的开放程度与该地的经济发展水平有关。发达国家或地区的对内开放程度较高，企业在资本市场（包括境内和境外资本市场）更容易获得资金支持。发展中国家和新兴经济体对内开放程度相对较低，企业存在融资难的问题；对外开放程度也较低，外商在所在地的活动受到较多限制。根据 2019 年相关数据，中国内地在对内对外市场的开放程度两项排名上均处于靠后位置（见表 5-9），且长期以来变化不大。在未来的国际经济格局变化和国内经济发展中，加快对内对外开放仍然是中国政府一项重要的任务。

表 5-9　2019 年部分国家或地区开放程度排名与得分

对内开放程度			对外开放程度		
排名	国家或地区	得分	排名	国家或地区	得分
1	中国香港	9.06	1	奥地利	9.08
2	荷兰	8.79	2	中国香港	9.06
3	新加坡	8.62	4	瑞典	8.89
4	瑞典	8.57	8	英国	8.54
5	丹麦	8.49	10	德国	8.48
6	德国	8.47	25	美国	7.66
7	美国	8.43	29	法国	7.16
19	法国	7.38	41	南非	6.23
34	日本	6.78	45	日本	6
44	南非	5.8	47	印度	5.93
52	巴西	5.14	56	巴西	5.46
58	中国内地	4.68	59	中国内地	5.27
61	俄罗斯	3.46	61	俄罗斯	4.59

数据来源：IMD, World competitiveness yearbook, 2019.

图 5-6 呈现了 1995—2019 年中国对内对外开放程度得分变化情况。

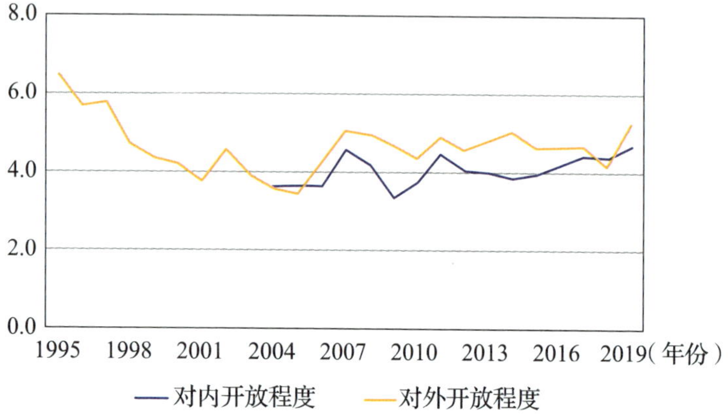

图 5-6　中国对内对外开放程度得分变化情况

数据来源：IMD, World competitiveness yearbook, 1995-2019.

| 小贴士 |

对内开放程度和对外开放程度

对内开放程度指对于国内投资者而言，在境内和境外资本市场中融资的难易程度，得分越高说明国内投资者越容易在资本市场上取得资金。

对外开放程度指对于在国内的公司，外商能够实施控制的自由程度，得分越高表明外商在其境内受限越小，自由度越高。

（九）证券投资资产和负债

欧盟、美国和日本等经济体拥有较为发达的金融体系，其直接融资市场规模比其他国家要大。中国目前间接融资仍占主要地位，直接融资市场规模处于中等水平，与发达国家相比，资产规模较小，而负债规模则位居世界第五（见表 5-10）。

表 5-10　2018 年部分国家证券投资规模与排名

国家	资产		负债	
	总额（10 亿美元）	排名	总额（10 亿美元）	排名
美国	210.33	1	320.01	1
日本	187.05	2	94.84	6
英国	112.85	3	197.17	2
卢森堡	93.31	5	192.06	3
德国	82.43	7	–51.38	61
韩国	64.99	10	21.11	14
中国	53.51	13	160.21	5
法国	39.46	15	22.23	13
巴西	3.3	36	–8.4	55
俄罗斯	–1.83	58	–9.42	56
瑞士	–12.03	61	–22.89	58

说明：英国的资产和负债都是 2017 年数据。

数据来源：IMD, World competitiveness yearbook, 2019.

| 小贴士 |

证券投资资产和负债

证券投资资产和负债表明直接融资市场规模的大小。资产是一国经济主体持有证券的总额，负债是国内外经济主体持有该国发行证券投资的规模。

| 小贴士 |

直接融资与间接融资

直接融资指没有金融中介机构介入的资金融通方式，即资金供给方和需求方直接达成交易。间接融资为直接融资的对称，指资金盈余单位与资金短缺单位之间不发生直接关系，而是分别与金融机构发生独立的交易，通过金融机构间接实现融资目的。

六

进出口：互通有无、互利互惠

中国的发展离不开世界，世界的发展也离不开中国。2019年中国以4.58万亿美元的进出口总额继续超越美国的4.21万亿美元再次蝉联世界第一大贸易国的桂冠。而在2000年时我国进出口总额仅为4 743亿美元，在2000—2019年，其每年以平均12.7%的速度增长。

目前，中国是120多个国家或地区的第一大贸易伙伴，贸易余额经常处于盈余状态。中国的贸易伙伴渐趋多元化，欧盟、美、日等传统市场份额呈下滑趋势，而东盟等新兴市场成为新亮点。

分析中国对外贸易结构可以发现，中国相当部分贸易是对进口商品进行加工，再出口到其他国家，是典型的出口加工模式。而随着经济高速增长，中国资源能源消费量巨大，进口的矿石、石油、天然气和农产品比重逐渐提高。

在2008年国际金融危机和欧债危机的冲击下，世界经济复苏缓慢，导致我国外部需求减少。美国、日本和欧洲欲重构世界贸易格局，建立新规则。在这样的背景下，中国正致力于进一步提高对外开放水平。自由贸易区战略、“一带一路”倡议等正在如火如荼地推进。推动形成以国内大循环为主体、国内国际双循环相互促进的新发展格局已经刻不容缓。正像习近平总书记强调的那样，“这决不是封闭的国内循环，而是更加开放的国内国际双循环，不仅是中国自身发展需要，而且将更好造福各国人民”。中国内地市场正在形成强大的拉动中国经济和世界经济增长的力量，“中国有 14 亿人口，中等收入群体超过 4 亿，是全球最具潜力的大市场。预计未来 10 年累计商品进口额有望超过 22 万亿美元”[①]。中国成为推动经济全球化、遏制贸易保护主义、建立国际政治经济新秩序的重要力量。

| 小贴士 |

“一带一路”倡议

“一带一路”（The Belt and Road，B&R）是“丝绸之路经济带”和“21 世纪海上丝绸之路”的简称。

2013 年 9 月，习近平主席在哈萨克斯坦纳扎尔巴耶夫大学发表演讲，首次提出“丝绸之路经济带”的概念，他强调“为了使各国经济联系更加紧密、相互合作更加深入、发展空间更加广阔，我们可以用创新的合作模式，共同建设‘丝绸之路经济带’，以点带面，从线到片，逐步形成区域大合作”。同年 10 月，习近平主席在印度尼西亚国会发表演讲时提出“中国愿同东盟国家加强海上合作，使用好中国政府设立的中国－东盟海上合作基金，发展好海洋合作伙伴关系，共同建设 21 世纪‘海上丝绸之路’”。由此形成了“一带一路”倡议。

① 习近平在第三届中国国际进口博览会开幕式上的主旨演讲（全文）. 新华网，2020-11-04.

（一）中国出口什么产品到哪里

2019 年，我国出口总额为 2.5 万亿美元，主要出口商品呈现“三多”特点：出口产品种类多、高新技术制成品多、纺织服装鞋帽制成品多（见表 6-1）。出口地主要是美日欧等发达经济体、亚洲发达地区和新兴经济体（见表 6-2）。

表 6-1　2019 年出口价值 200 亿美元以上的大类商品及其金额

（亿美元）

商品名称	金额	商品名称	金额
机电产品	14 590.2	鞋类	477.0
高新技术产品	7 307.5	成品油	384.0
自动数据处理设备及其部件	1 655.3	灯具、照明装置及零件	329.1
服装及衣着附件	1 513.7	二极管及类似半导体器件	321.0
电话机	1 259.5	自动数据处理设备的零件	314.4
纺织纱线、织物及制品	1 202.0	玩具	311.4
集成电路	1 015.8	通断保护电路装置及零件	306.7
文化产品	998.9	箱包及类似容器	272.3
农产品	785.7	陶瓷制品	251.2
家具及其零件	541.0	液晶显示板	214.2
钢材	537.6	电线和电缆	204.8
汽车零配件	530.4	水海产品	203.3
塑料制品	483.1	船舶	203.0

说明：“机电产品”和“高新技术产品”包含本表中已列明的有关商品。

数据来源：中国海关总署，http://www.customs.gov.cn.

表 6-2　2019 年出口主要国家或地区总值　（亿美元）

出口最终目的地	金额	出口最终目的地	金额
欧盟	4 287.0	韩国	1 110.0
美国	4 186.7	印度	748.3
东盟	2 789.5	中国台湾	550.8
中国香港	2 789.5	俄罗斯	497.4
日本	1 432.7	澳大利亚	482.0

数据来源：中国海关总署，http://www.customs.gov.cn.

（二）中国从哪里进口什么产品

2019 年，我国进口总额 2.08 万亿美元，进口产品主要呈现“三高”特点：原材料和零部件占比高、能源占比高、粮食和农产品占比高。我国进口价值 200 亿美元以上的大类商品及金额如表 6-3 所示。

表 6-3　2019 年进口价值 200 亿美元以上的大类商品及其金额

（亿美元）

商品名称	金额	商品名称	金额
机电产品	9 077.6	计量检测分析自控仪器及器具	373.9
高新技术产品	6 376.5	医药品	357.2
集成电路	3 055.5	大豆	353.4
原油	2 413.2	铜矿砂及其精矿	339.1
农产品	1 498.8	未锻轧铜及铜材	324.7
铁矿砂及其精矿	1 014.6	自动数据处理设备及其部件	324.6
初级形状的塑料	532.9	通断保护电路装置及零件	246.0

续前表

商品名称	金额	商品名称	金额
汽车	483.8	煤及褐煤	233.9
粮食	419.8	液晶显示板	207.9
天然气	417.2		

说明："机电产品"和"高新技术产品"包含本表中已列明的有关商品。
数据来源：中国海关总署，http://www.customs.gov.cn.

产品进口来源主要是美日欧等发达经济体、亚洲发达地区和新兴经济体（见表 6-4）。

表 6-4　2019 年进口主要国家或地区总值　　　　（亿美元）

进口原产地	金额	进口原产地	金额
东盟	2 820.4	美国	1 227.1
欧盟	2 766.0	澳大利亚	1 214.3
韩国	1 735.7	巴西	798.0
中国台湾	1 730.0	俄罗斯联邦	610.5
日本	1 717.6	南非	259.2

数据来源：中国海关总署，http://www.customs.gov.cn.

（三）中国进出口对经济有多重要

对外开放是拉动中国经济快速发展的重要力量。加入 WTO 后，中国的贸易依存度一路攀升至 2006 年的 72%（见图 6-1），此后呈逐步回落态势，但相比美国和日本，中国经济对国际市场的依赖程度仍然较高。美国因其是消费主导型国家，贸易依存度一直较低。日本由于将产业大量转移到国外，贸易依存度自然就低了。新加坡是自由港，转口贸易是其支柱产业，因此贸易依存度非常高。

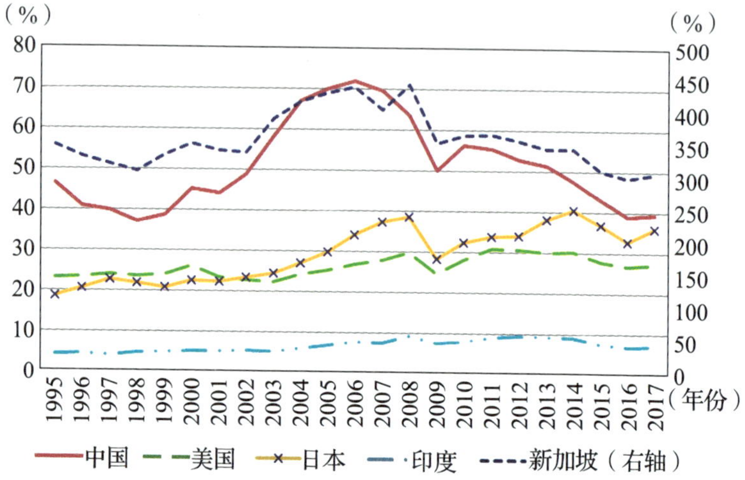

图 6-1　1995—2017 年部分国家对外贸易依存度变化情况

数据来源：IMD, World competitiveness yearbook, 1997-2019.

| 小贴士 |

对外贸易依存度

对外贸易依存度是指国家或地区进出口总额与 GDP 的比值，用来衡量对外开放程度、经济对国际市场的依赖程度。同理，进口总额与 GDP 的比值称为进口依存度，出口总额与 GDP 的比值称为出口依存度。

在实际计算其数值时，分数的分子一般是进口总额加出口总额，分母一般是 GDP 的 2 倍。

（四）十大贸易伙伴

据中国海关总署的数据显示，中国 2019 年进出口总额高达 4.58 万亿美元，超越美国，成为世界第一大贸易国。那么，创造如此巨额的对外贸易额，中国内地的主要贸易伙伴是哪些国家或地区呢？

2019年，美国与中国（不含港澳台）的贸易总额为5 413.9亿美元，占总贸易额高达11.8%，是第一大贸易伙伴；日本排名第二，贸易总额是3 150.3亿美元，占比6.9%；中国香港贸易总额为2 880.3亿美元，占比6.3%。其余分别是韩国、中国台湾、德国、澳大利亚、越南、马来西亚和巴西（见图6-2）。

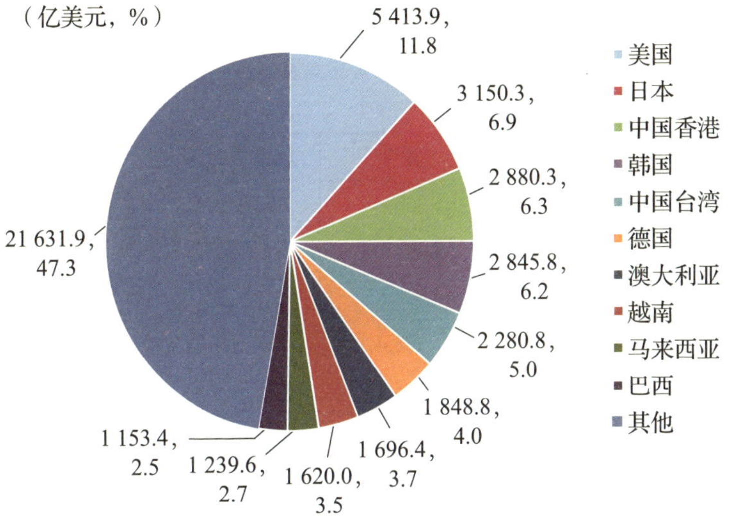

图6-2　2019年中国内地十大贸易伙伴贸易总额及其占比

数据来源：中国海关总署，http://www.customs.gov.cn.

（五）贸易盈余和赤字的主要来源地

尽管中国总体处于贸易盈余状态，但部分地区已经出现较大贸易赤字。这是经济发展和结构变化带来的新特征，有助于推动中国经济走向世界。

中国海关总署的数据显示，2019 年我国贸易进出口差额为 4 219.3 亿美元，实现了贸易盈余，其中贸易顺差的国家或地区 178 个，贸易逆差的国家或地区 61 个。

中国内地贸易盈余第一大来源是美国，2019 年贸易盈余高达 2 959.6 亿美元；中国香港以 2 698.6 亿美元居第二位；贸易赤字第一大来源地区是中国台湾，2019 年赤字高达 1 179.2 亿美元；对澳大利亚贸易赤字 732.3 亿美元，近年来逐渐升高（见表 6-5）。

表 6-5　2019 年中国内地主要贸易盈余和赤字国家或地区

（亿美元）

排名	国家或地区	盈余	国家或地区	赤字
1	美国	2 959.6	中国台湾	1 179.2
2	中国香港	2 698.6	澳大利亚	732.3
3	荷兰	627.5	韩国	625.7
4	印度	568.4	巴西	442.5
5	英国	385.1	沙特阿拉伯	303.3

数据来源：中国海关总署，http://www.customs.gov.cn.

（六）贸易赤字的地理分布

在与其他国家或地区之间的贸易中，中国虽然能够整体保有贸易盈余，但亦有相当部分地区陷入赤字状态。这些地区有两类：一类是资源型国家或地区，如拉美、非洲、大洋洲、中东地区等，主要进口石油、天然气、矿石和农产品；另一类是技术型国家或地区，如瑞士、德国、日本等，主要进口汽车、电子产品及其零部件。

这也从一个侧面反映了中国经济发展新阶段的特点，那就是：一方面，中国要继续保持经济的中高速增长，就需要从国际市场进口发展所必需的石油、矿石等生产资料；另一方面，中国经济面临转型升级的时代要求，需要从国际市场引进先进的技术装备和高科技产品。

（七）中国的自由贸易试验区

自由贸易是全球化的重要理念，也是我国扩大开放的重要目标。这里涉及两个概念：一是在我国境内设置的自由贸易试验园区，至 2019 年末共有 18 个自由贸易试验区；二是国家或地区之间签订的双边或多边自由贸易协定，进而形成协议区内部成员之间的关税减免和贸易便利。

中国扩大对外开放的一个重要指标就是设立自由贸易试验区。自由贸易试验区指在国境内设立的，以优惠税收和海关特殊监管政策为主要手段，以贸易自由化、便利化为主要目的的多功能经济性特区。中国设立自由贸易试验区是政府加快对外开放、打造中国经济升级版的重要举措，就是要营造一个符合国际惯例的、对内外贸易投资都具有国际竞争力的国际商业环境。目前，中国共有 18 个自由贸易试验区，形成了东西南北中协调、陆海统筹的开放态势，推动形成了我国新一轮全面开放格局（见表 6-6）。

表 6-6　中国自由贸易试验区设置情况

批复时间	自由贸易试验区名称
2013 年 9 月	中国（上海）自由贸易试验区
2015 年 4 月	中国（广东）、中国（天津）、中国（福建）自由贸易试验区

续前表

批复时间	自由贸易试验区名称
2017年3月	中国（辽宁）、中国（浙江）、中国（河南）、中国（湖北）、中国（重庆）、中国（四川）、中国（陕西）自由贸易试验区
2018年9月	中国（海南）自由贸易试验区
2019年7月	中国（上海）自由贸易试验区临港新片区
2019年8月	中国（山东）、中国（江苏）、中国（广西）、中国（河北）、中国（云南）、中国（黑龙江）自由贸易试验区

资料来源：http://www.gov.cn/.

随着开放程度的扩大，越来越多国家与中国建立了以自由贸易协定为基础的自由贸易区。截至2020年6月，中国已签署自贸协定17个，涉及25个国家或地区，正在谈判的自贸协定13个，正在研究的自贸区8个，优惠贸易安排1个，为亚太贸易协定。

| 小贴士 |

自由贸易协定

自由贸易协定（Free Trade Agreement，FTA）是国家或地区之间签订的具有法律效力的协议，协议双方形成自由贸易试验区，在投资、货物和服务贸易方面给予协议双方优惠，如优惠关税或零关税等，促进货物、服务与资本在双方间自由流动，实现互利双赢。自由贸易协定最突出的作用在于，大幅减少贸易双方间的贸易壁垒，降低贸易成本。

（八）全球主要自由贸易区

自由贸易区是一个国家对外开放的一种特殊通道，也是当今国际贸易的发展趋势。建立自由贸易区，可以扩大和加深与伙伴地区之间的经济合作，从而获得互利双赢的效果，同时有利于世界经济的稳定发展。据不完全统计，全球已有 1 200 多个自由贸易区。

截至 2019 年底，我国共有 18 个自由贸易试验区，上海自贸区于 2013 年 9 月正式成立，是我国真正意义上的第一个自由贸易试验区，园区目前总面积为 120.72 平方公里。

美洲主要自由贸易区有 4 个，分别为美国纽约港自贸区、巴西马瑙斯自贸区、巴拿马科隆自贸区和智利伊基克自贸区。纽约港自贸区是美国面积最大的自贸区之一，面积为 8.4 平方公里。巴西马瑙斯自贸区于 1967 年成立，从最初 1 万平方公里逐渐向周边辐射。巴拿马科隆自贸区则是西半球最大的自贸区，全球第二大转口站，1948 年成立，从初期 0.12 平方公里逐步发展到如今的近 3 平方公里。智利伊基克自贸区成立于 1975 年，占地约 2.3 平方公里。

欧洲的主要自贸区有 3 个：爱尔兰香农自贸区、德国汉堡自贸区和荷兰鹿特丹自贸区。爱尔兰香农自贸区在 1960 年围绕香农机场开发，占地约 2.43 平方公里。德国汉堡自贸区占地约 16.2 平方公里，2013 年 1 月起关闭。

中东地区主要的自贸区是迪拜杰贝 - 阿里自由贸易区，其为阿联酋最大的自贸区，1985 年成立，面积 135 平方公里。

亚洲其他主要自贸区有 4 个：中国香港自由港、新加坡自贸区、韩国仁川自贸区和釜山镇海经济自由区。其中，中国香港自由港的面积为 1 095 平方公里；韩国仁川自贸区约有 3.31 平方公里，釜山镇海经济自由区约 104 平方公里。

| 小贴士 |

上海自由贸易试验区

中国（上海）自由贸易试验区（China（Shanghai）Pilot Free Trade Zone），简称上海自由贸易区或上海自贸区，于 2013 年 9 月 29 日正式成立，面积 28.78 平方公里，是国务院批复的第一个自由贸易试验区。

2014 年 12 月 28 日全国人大常委会授权国务院扩展中国（上海）自由贸易试验区区域，将面积扩展到 120.72 平方公里。2015 年，上海自贸区成为世界自由贸易区联合会荣誉会员。

（九）全球都在用什么货币结算

2016 年 10 月 1 日人民币正式纳入国际货币基金组织特别提款权货币篮子，人民币国际化进程取得了重要进展。据国际支付体系环球银行金融电信协会（SWIFT）统计，2019 年 12 月人民币在全球贸易中使用占比为 1.94%，与加元占比相近，成为世界第六大支付货币。但是，人民币在全球贸易转账支付中占比仍然远低于美元（42.22%）和欧元（31.69%）（见表 6-7），并且其中 75% 的人民币是在中国香港地区使用的。人民币真正国际化仍有很长一段路要走。

表 6-7　2019 年 12 月世界几类重要货币在全球贸易中的使用占比

排名	货币	占比（%）
1	美元（USD）	42.22
2	欧元（EUR）	31.69
3	英镑（GBP）	6.96
4	日元（JPY）	3.46
5	加拿大元（CAD）	1.98
6	人民币（CNY）	1.94
7	澳大利亚元（AUD）	1.55
8	瑞士法郎（CHF）	0.78

数据来源：SWIFT, https://www.swift.com.

| 小贴士 |

特别提款权货币篮子

特别提款权（Special Drawing Right，SDR）是国际货币基金组织创设的一种储备资产和记账单位，它依据各国在国际货币基金组织中的份额进行分配，是国际货币基金组织分配给成员的一种使用资金的权利，可以供成员平衡国际收支，是国际储备的组成部分。

特别提款权的价值目前由 5 种货币决定，即由美元、欧元、人民币、日元和英镑的加权汇率水平进行计算，这 5 种货币被纳入特别提款权货币篮子。人民币于 2016 年 10 月 1 日加入特别提款权货币篮子，是最新加入的币种，标志着人民币的国际认可程度提高。

七

能源资源：“柴米油盐”第一件

我国取得的经济成就令世界瞩目。中国经济像一辆高速运行的火车，而能源则为其输送源源不断的动力。经济高速发展的同时，中国已经成为世界上最大的能源生产、消费国，形成了煤炭、电力、石油、天然气、新能源、可再生能源全面发展的能源供应体系，在国际能源市场上的地位愈发重要。但是能源结构不合理、对外依存度高、传统能源储量有限、环境污染等问题也越来越困扰着我国经济发展和人民生活，阻碍经济、社会、生态环境的可持续发展。2018 年，中国再次超过美国成为全球最大原油净进口国，石油和天然气的对外依存度分别高达 69.8% 和 45.3%。同时，煤炭消费量居高不下，2018 年我国煤炭消费量为 38.3 亿吨，相当于世界其他国家煤炭消费量的总和。由于大量使用化石燃料，特别是煤炭，我国环境污染问题也日益严重，这也引起了政府和居民的高度重视。

面对能源领域出现的问题，国家正在逐步采取措施调整能源结构，降低煤炭比例，加大新能源的使用。2016 年，我国各类型可再生能源发电量总计达到 16 979 亿千瓦时，其发电量占全部发电量的比重达 26.5%，相当于节省了 55 225 万吨标准煤。目前，中国已成为全球最大的清洁能源投资国，但可再生能源所占比例仍然较低。控制煤炭消费总量，加大开发、利用清洁能源力度，进行能源结构调整，加大能源基础设施建设投入，提高能源使用效率将是未来我国能源的发展方向。

（一）能源大国

中国是世界上生产能源最多的国家，也是世界上消费能源最多的国家，是名副其实的能源大国（见表 7-1）。我国一直将能源确定为经济发展的战略重点，放在优先的位置。从表 7-2 提供的全球 GDP 排名与能源消费量排名中也可以看出，能源是 GDP 增长的强大动力，GDP 最高的十个国家在全球能源消费榜中排前 15。

表 7-1　2016 年能源生产消费前 10 的国家（百万吨标准油当量）

排名	国家	能源生产量	国家	能源消费量
1	中国	2 360.5	中国	1 969.4
2	美国	1 915.7	美国	1 515.0
3	俄罗斯	1 373.7	印度	572.3
4	沙特阿拉伯	670.6	俄罗斯	469.8
5	印度	557.5	日本	294.0
6	加拿大	475.7	巴西	224.3
7	印度尼西亚	434.3	德国	223.9
8	澳大利亚	390.5	加拿大	191.4
9	巴西	283.3	韩国	178.7
10	阿联酋	236.7	印度尼西亚	164.7

数据来源：IMD, World competitiveness yearbook, 2019.

表 7-2 2016 年全球 GDP 排名与能耗排名

GDP 排名	国家名称	能源消耗排名
1	美国	2
2	中国	1
3	日本	5
4	德国	7
5	英国	13
6	法国	11
7	印度	3
8	意大利	15
9	巴西	6
10	加拿大	8

数据来源：IMD, World competitiveness yearbook, 2019.

对于推动我国能源生产和消费革命，习近平总书记提出了五点要求：推动能源消费革命，抑制不合理能源消费。推动能源供给革命，建立多元供应体系。推动能源技术革命，带动产业升级。推动能源体制革命，打通能源发展快车道。全方位加强国际合作，实现开放条件下能源安全①。

（二）能源结构

能源结构是指各类能源消费量占总能源消费量的比例。2018 年我国能源消费总量达 46.4 亿吨标准煤，比 2017 年增长 3.3%，增速创 5 年来新高。其中煤炭、石油、天然气、其他新能源所占比例分别为 58%、20%、7%、15%（见图 7-1）。

煤炭消费方面，中国既是世界上最大的煤炭生产国家，也是最大的煤炭消费国家，2018 年我国煤炭消费量相当于世界其

① 习近平．习近平谈治国理政．北京：外文出版社，2014：131.

他国家煤炭消费量的总和（见图 7-2）。

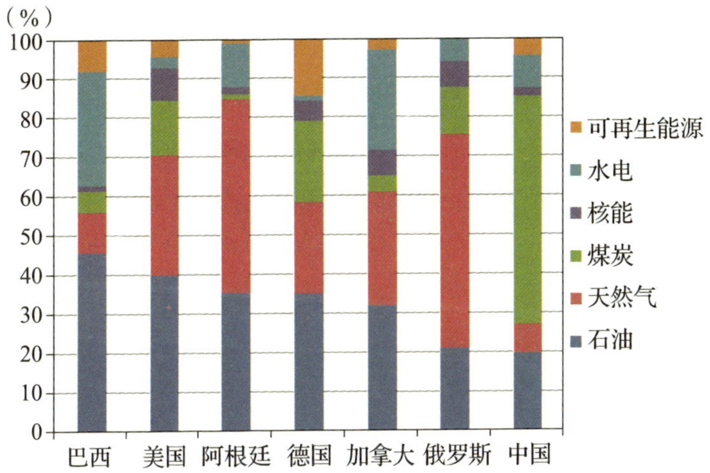

图 7-1　2018 年部分国家能源消费结构比较

数据来源：《2019 BP 世界能源统计年鉴》。

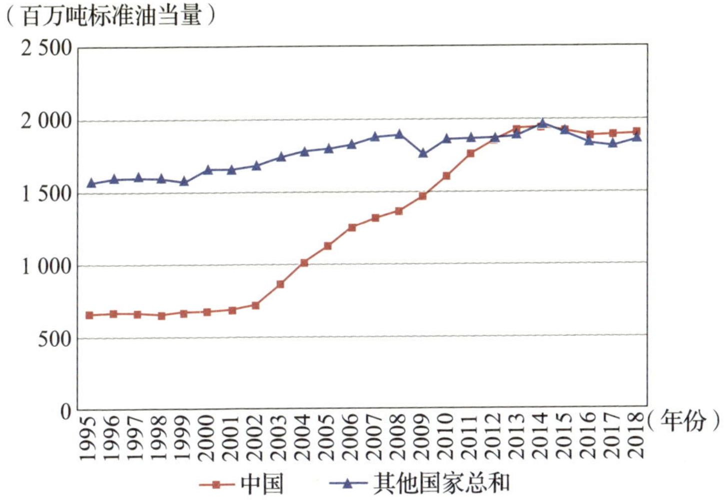

图 7-2　1995—2018 年中国同世界其他国家煤炭消费量比较

数据来源：《2019 BP 世界能源统计年鉴》。

石油消费方面，2017 年、2018 年中国连续两年超越美国，成为全球最大原油净进口国，石油对外依存度高达 69.8%。

天然气消费方面，中国已成为世界最大的天然气进口国和全球第三大天然气消费国（排在美国、俄罗斯之后），2018 年天然气对外依存度达到 45.3%。但天然气在能源消费中所占比例并不高，天然气在全球范围占能源消费的 23.9%，但在我国的能源消费中只占 7.4%，离国际平均水平还有较大的一段差距。

| 小贴士 |

能源对外依存度

一个国家能源净进口量占本国能源消费量的比例，体现了一国能源消费对国外能源的依赖程度。

能源对外依存度不仅体现能源生产和消费的相对比例，还是涉及国家安全的重要因素。

（三）重视煤炭的环境成本

煤炭的环境成本指的是煤炭开采、加工、储存、运输、消费过程对环境造成的各种损害成本，其中包括气候变化、空气污染、水污染、土地破坏等各类环境问题成本。

长久以来，我国的能源极大地依赖煤炭，煤炭消费量占总能源消费的六成以上，2018 年这一比例首次下降到 60% 以下，可以说煤炭是中国经济高速发展的能源基础。但是对煤炭资源的开发利用背后隐藏着巨大的环境成本。煤炭在开采、运输、使用过程中产生的废水、废气、废渣对环境、经济、社会以及人们的身心健康带来危害。2018 年全国 39 亿吨煤炭消费中，非电工业领域耗煤量达 18 亿吨；钢铁、建材消费了近三成的煤炭消费量，产生了工业烟尘一半以上的排放量、近 40% 的一次 PM2.5 污染物。

近些年来，我国开始出现大范围雾霾天气，雾霾开始为人们所重视。雾霾现象成因复杂，但普遍认为化石燃料，特别是煤炭是其主要的污染源。为此，国家全面实施散煤综合治理，全部淘汰落后产能，加大燃煤电厂超低排放和节能改造力度，推进煤炭洗选和提质加工。同时推进北方冬季清洁取暖，以电代煤，以气代煤。

（四）新能源及可再生能源

传统能源如石油、煤炭等属于非再生能源，储量有限，而且在使用过程中会引起一系列的环境和社会问题，世界各国都在大力减少传统能源的利用。开发新能源（可再生能源和清洁能源）已经成为国际热点问题。

新能源指的是传统能源之外的能源，常见的有风电、水电、太阳能、生物质能、地热能、海洋能等，具有污染小、储量大的特点，但大多处于开发阶段，暂未能大量投入使用。新能源大部分属于可再生资源，由于其可再生性和清洁性，得到各国政府极大的青睐。

从能源生产看，我国可再生能源发电装机容量和发电量稳定持续增长。自 2008 年以来，我国水电发电量占比一直保持在总发电量 16% ～ 19% 的水平，其他可再生能源发电量占比自 2013 年以来快速提升。2019 年，我国各类型可再生能源发电量总计达到 1.93 万亿千瓦时，发电量占全部发电量的比重达 26.4%，其中水电占比为 17.8 个百分点，其他可再生能源占比达到 8.6 个百分点（见图 7-3）。

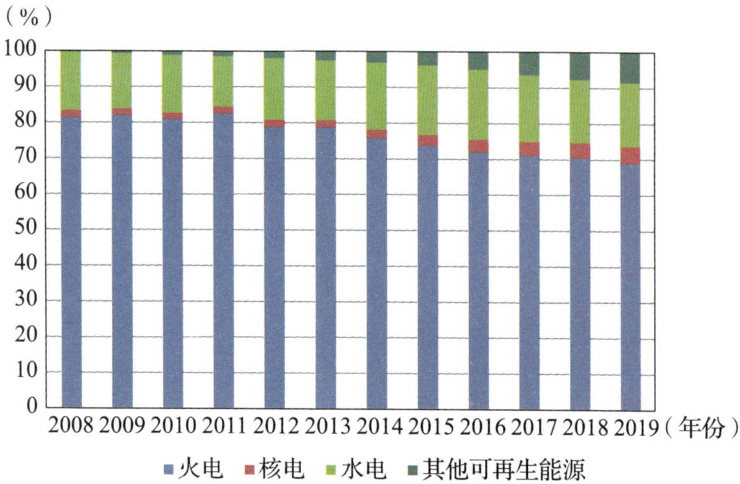

图 7-3 2008—2019 年我国可再生能源发电量占比

数据来源：中国电力企业联合会，www.cec.org.cn.

从一次能源消费占比看，2018 年我国可再生能源消费占比已经高于世界平均水平，也高于美国、日本等发达国家的水平（见图 7-4）；但考虑到我国能源消费总量巨大，占到全球能源

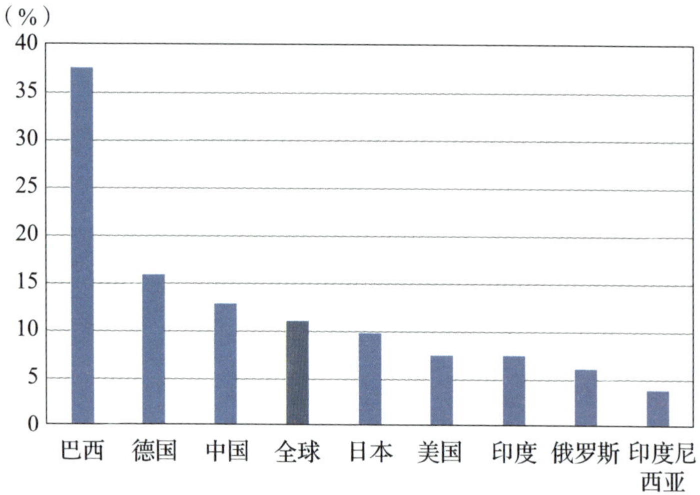

图 7-4 2018 年部分国家可再生能源占一次能源消费比重（含全球平均水平）

数据来源：《2019 BP 世界能源统计年鉴》。

消费的 23.6%，是美国的 1.4 倍、日本的 7.2 倍、德国的 10.1 倍，提高可再生能源消费占比、减少能源消费带来的碳排放和污染仍有很大压力。

（五）风电和光伏发电

20 世纪 80 年代起，我国开始发展风力发电技术。2018 年我国风电累计装机容量位居世界榜首，高达 211.4GW（功率单位：千兆瓦），贡献远大于其他国家（见表 7-3）。排名前 10 的国家累计装机容量占全球风电装机容量的 81.4%。

表 7-3　2018 年风电累计装机容量排名前 10 的国家　（GW）

国家	容量	排名
中国	211.4	1
美国	96.6	2
德国	59.5	3
印度	35.1	4
英国	30.0	5
西班牙	22.7	6
法国	15.3	7
巴西	14.7	8
加拿大	12.8	9
意大利	11.4	10

数据来源：GWEC, Global wind report, 2018.

光伏发电是目前利用太阳能发电的主要方式。我国光伏发电发展迅速，2018 年，我国持续引领全球光伏市场发展，以 174.46GW 累计装机容量连续 3 年成为全球光伏发电装机容量最大国家，比 2017 年增长 34%。日本和美国分别以 55.50GW

和 51.45GW 的累计装机容量排名全球第 2、第 3 位。

（六）中国需要页岩气革命和可燃冰

页岩气是蕴藏于页岩层的天然气资源。美国是最早发现、研究、勘测和开发页岩气的国家。从 2000 年起，美国大力发展页岩气，在本国引发了页岩气革命，天然气产量迅速增长。2010 年美国已经超越俄罗斯，成为全球最大天然气生产国。

中国是页岩气储量较大的国家，据国土资源部 2015 年 4 月介绍，到 2014 年，中国累计探明页岩气地质储量 5 441.29 亿方。美国能源部的报告中显示，中国拥有世界上数量最多的页岩气资源。但我国页岩气开发刚刚起步，面临着理论、技术、环境、成本等一系列问题，仅以环境问题而论，页岩气开采需要大量的水，但是据研究，中国 3/5 的页岩气资源都位于水资源缺乏的地区，开采难度很大。尽管如此，我国通过技术可开采的页岩气地质储量仍排在全球第一位（见表 7-4）。

表 7-4　技术可开采页岩气地质储量前 10 的国家

（万亿立方米）

排名	国家	储量
1	中国	31.57
2	阿根廷	22.71
3	阿尔及利亚	20.02
4	美国	18.83
5	加拿大	16.23
6	墨西哥	15.43
7	澳大利亚	12.37
8	南非	11.04

续前表

排名	国家	储量
9	俄罗斯	8.07
10	巴西	6.94

数据来源：美国能源信息署（EIA），www.eia.gov.

中国的可燃冰储量巨大，主要分布在南海海域、东海海域、青藏高原冻土带以及东北冻土带。2017 年 5 月，中国在南海海域试开采可燃冰成功，成为世界上第一个实现在海域试开采获得稳定产气的国家。

| 小贴士 |

页岩气

通俗地说，页岩气就是储藏在页岩层或泥岩层中的天然气，和我们平常所用天然气的主要成分相同，只是开发难度更大，开发成本更高。2014 年 7 月，国土资源部评审后认定我国涪陵页岩气田为典型的优质海相页岩气，探明含气面积 1 067.5 亿立方米，标志着我国首个大型页岩气田正式诞生。

（七）能源战略通道

与我国经济规模和人口数量相比，我国油气资源并不富裕，对国际市场的依赖程度还很深，能源安全形势比较严峻。但是，近些年来取得了很大改善。2013 年 7 月，中缅天然气管道投产试行，标志着我国中亚油气管道（西北）、中俄原油管道（东北）、中缅油气管道（西南）和海上通道（经过马六甲海峡）

四大能源进口战略通道格局基本成型。四大能源战略通道的布局，降低了对马六甲海峡和南海通道的依赖，极大改善了我国能源环境。

2018 年中国油品主要来源地区及进口量如表 7-5 所示。

表 7-5 2018 年中国油品主要来源地区及进口量

（百万吨）

原油		成品油	
来源地区	进口量	来源地区	进口量
中东	203.1	新加坡	7.4
西非	71.9	日本	2.6
俄罗斯	71.6	亚太地区	34.9
中南美洲	62	中东	20.1
亚太地区	13.2	美国	6.2
美国	12.3	俄罗斯	2.3
其他	30.4	其他	8.4
合计	464.5	合计	81.9

数据来源：《2019 BP 世界能源统计年鉴》。

（八）能源基础设施

能源基础设施建设对我国经济的持续增长有重要意义。近些年来，我国能源基础设施获得快速发展和提升，建立了全面完善的以水电为主，地热、风能、太阳能等多能互补的新型能源体系。2019 年我国能源基础设施评分为 8.45，排名第 14 位，与主流发达国家差距不断缩小，明显优于多数转型国家和发展中国家（见图 7-5）。

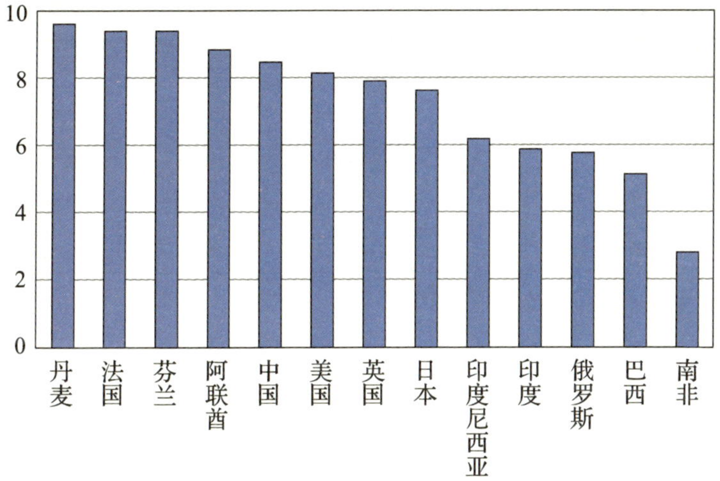

图 7-5　2019 年部分国家能源基础设施评价得分（1 ～ 10 分）

数据来源：IMD, World competitiveness yearbook, 2019.

（九）可持续发展，企业能否自我约束

可持续发展理念的提出就是针对能源环境的压力，这不仅是国家战略，更应成为企业发展的首要选择。对于这一点，我国企业的认同度有待加强。可喜的是，2005—2019 年，我国企业的认同度在近十年时间里基本保持了上升趋势，好于巴西、印度等其他发展中国家的情况（见表 7-6）。

表 7-6　2005—2019 年部分国家企业认同度

国家	2005	2010	2015	2019
中国	5.68	5.46	5.74	6.55
德国	7.15	7.19	7.45	7.16
日本	7.06	7.81	8.12	8.11
美国	6.14	6.22	5.87	5.42
俄罗斯	5.14	4.26	4.83	4.86

续前表

国家	2005	2010	2015	2019
印度	6.20	5.42	4.50	5.45
印度尼西亚	4.62	6.06	6.04	6.62
巴西	5.51	5.54	4.26	4.09
马来西亚	7.33	7.21	6.81	6.83

数据来源：IMD, World competitiveness yearbook, 2019.

八

金融：一个“高大上”的行业

1993 年国务院做出关于金融体制改革的决定，提出我国金融体制改革的目标。多年来，我国金融市场改革有序、稳步向前推进。国有银行顺利上市，根据标准普尔全球市场研究机构发布的截至 2019 年 4 月的全球银行资产排名，中国四大国有银行包揽前四名，中国工商银行以 4.03 万亿美元资产问鼎。金融市场功能日趋完善，银行间、外汇、证券等市场持续向前发展，市场参与主体不断扩大，市场基础建设不断加强，市场的监管机制也在不断完善。利率汇率改革仍在进行中，人民币国际化或将推动改革进一步深化。尽管我国金融改革取得很多成就，但无法否认金融市场还存在许多问题。

（一）全球最大银行

中国现有的银行体系是 1949 年之后逐步确立起来的。改革开放以来，中国银行业取得了快速发展。这可以从以下三个方面看出：第一，国有商业银行股份制改革取得突破，2010 年中国农业银行成功上市，标志着大型国有商业银行股份制改革顺利完成。第二，中国商业银行规模持续扩大，2019 年，中国工商银行连续 7 年保持全球一级资本最大银行桂冠，中国的四大商业银行包揽全球前四名（见表 8-1）。第三，中国商业银行经营效益明显，特别是在 2008 年国际金融危机之后，发达国家银行业多不景气，而中国银行业保持了持续快速的规模和利润增长，2018 财报年度，中国银行业创造了全球银行业近 1/3 的利润（见表 8-2）。

表 8-1　2019 年全球一级资本最大银行前 10 位

（10 亿美元）

排名	银行名称	国家	一级资本
1	中国工商银行	中国	337.5
2	中国建设银行	中国	287.5
3	中国农业银行	中国	242.9
4	中国银行	中国	230.0
5	摩根大通银行	美国	209.1
6	美国银行	美国	189.0
7	美国富国银行	美国	167.9
8	美国花旗银行	美国	158.1
9	汇丰银行	英国	147.1
10	三菱东京日联银行	日本	146.7

数据来源：www.thebanker.com.

表 8-2　2018 年全球银行业利润排行榜

国家或地区	税前总利润（10 亿美元）	占比（%）
中国	312	27.5
美国	255	22.5
欧元区	139	12.2
英国	44	3.9
日本	40	3.5
全球	**1 135**	**100.0**

数据来源：www.thebanker.com.

| 小贴士 |

一级资本

一级资本又称核心资本，是衡量商业银行资本是否充足的指标，也是衡量商业银行业务发展能力和风险承受能力的指标。

（二）中央银行的职能和作用

当今大多数国家都存在中央银行或者类似中央银行的金融管理机构，这些机构均处于各国金融体系的核心地位。中国人民银行是我国的中央银行。中央银行有三项主要职能：代表国家制定和执行货币政策，并监管金融市场和金融机构；代表国家发行主权货币，调节货币流通；为商业银行和其他金融机构提供服务和支持。

我国中央银行在经济运行中起着非常重要的作用。按照一些金融专家的观点，与其他国家相比，我国中央银行对经济的影响力得分及其排名有待提升（见表 8-3）。

表 8-3　2019 年中央银行对本国经济的影响力得分及其排名

排名	国家	中央银行名称	得分
1	智利	智利中央银行	8.20
2	新加坡	新加坡金融管理局	8.00
3	秘鲁	秘鲁中央储备银行	7.88
4	阿联酋	阿联酋中央银行	7.74
5	卡塔尔	卡塔尔中央银行	7.60
6	菲律宾	菲律宾中央银行	7.51

续前表

排名	国家	中央银行名称	得分
7	荷兰	荷兰中央银行	7.50
8	丹麦	丹麦中央银行	7.50
9	澳大利亚	澳大利亚联邦储备银行	7.46
10	挪威	挪威银行	7.43
23	美国	美国联邦储备委员会	6.92
36	中国	中国人民银行	6.42

数据来源：IMD, World competitiveness yearbook, 2019.

（三）汇率：货币的价格

汇率是两种货币之间的相对价格，可以理解为用一种货币购买另一种货币时的价格。影响汇率变动的主要因素是贸易差额。此外资本的流入流出差额、各国之间的利率差异、通货膨胀率、人们的心理预期和政府对汇率的干预等都是影响汇率变动的重要因素。

汇率走势反映了一国经济发展综合状况。2018 年，我国汇率相对于 SDR 变动的稳定度较高，在全世界排名第 8 位（见表 8-4）。国际上总有一些人说中国政府操纵汇率，这是没有根据的无端指责，是站不住脚的。

表 8-4　2018 年部分国家汇率稳定度

排名	国家	相对于 SDR 变动
1	加拿大	0.004
2	新加坡	0.006
3	马来西亚	0.009
4	瑞士	0.011

续前表

排名	国家	相对于 SDR 变动
5	罗马尼亚	0.011
6	澳大利亚	0.013
7	挪威	0.014
8	中国	0.014
9	哥伦比亚	0.014
10	秘鲁	0.015
11	阿联酋	0.019
12	卡塔尔	0.019
13	美国	0.019
14	约旦	0.019
15	沙特阿拉伯	0.019

说明：秘鲁为 2017 年数据。

数据来源：IMD, World competitiveness yearbook, 2019.

（四）股票市场：国民经济的晴雨表

股票市场容量和交易反映了国家或地区的经济现状，常常成为经济的“晴雨表”。2018 年，我国内地股市资本额仅次于美国和日本，但在 2019 年的股市效率评价中得分不高（见表 8-5、表 8-6）。

表 8-5　2018 年部分国家或地区股市资本额及其占 GDP 比重

国家或地区	资本额（10 亿美元）	占 GDP 比重（%）
美国	23 646.40	115.38
日本	5 276.70	106.23
中国内地	4 279.00	31.44
中国香港	4 076.90	1 123.13
英国	3 041.10	107.64

续前表

国家或地区	资本额（10 亿美元）	占 GDP 比重（%）
法国	2 451.60	88.42
加拿大	2 233.30	130.49
印度	2 112.20	75.81
德国	2 056.00	51.44
瑞士	1 559.20	221.55
韩国	1 542.70	95.26

数据来源：IMD, World competitiveness yearbook, 2019.

表 8-6　2019 年部分国家或地区股市效率评价得分

排名	国家或地区	得分
1	美国	8.43
3	中国香港	8.11
8	泰国	7.30
11	德国	7.20
14	新加坡	6.99
18	日本	6.71
26	印度	6.39
40	中国内地	4.91
48	巴西	4.47
55	俄罗斯	3.65

数据来源：IMD, World competitiveness yearbook, 2019.

| 小贴士 |

中国的股票市场

早在清朝同治年间，中国即开始出现股票。1869 年中国第一家从事股票买卖的证券公司成立。1872 年，中国第一家股份公司——轮船招商局向社会公开招股。1918 年 6 月，北京证券交易所营业，这是中国人创办的第一家证券交易所。

改革开放以来，中国积极发展股票市场。1984 年，集体企业和国营小企业开始允许职工入股，更多企业开始进行股份制试点改革。同年 7 月，北京天桥百货股份有限公司向社会公开发行股票，是新中国第一家股份有限公司。1987 年 9 月，第一家专业证券公司——深圳特区证券公司正式成立。1991 年 4 月 3 日，深圳证券交易所以 100 为基点开始编制股票市场综合指数，即深证综指。1991 年 7 月 15 日，上海证券交易所开始公布以 1990 年 12 月 19 日为 100 点的上证综指。至此，我国境内两大证券交易所步入正轨，形成我国境内的主要股票市场。

香港联合交易所位于中国香港特别行政区，是全球最有影响力的股票交易市场之一。香港联合交易所成立于 1980 年，在逐步合并当时香港 4 所证券交易所后，于 1986 年 4 月 2 日开始营业，并快速发展成为吸引全球资本的重要股票市场。

（五）国家投资风险

当一国企业或者政府打算对外国投资或者与别国进行贸易时，必定会考虑该投资或贸易活动是否安全，这时，衡量一个国家的整体风险就变得很重要。位于瑞士洛桑的国际管理发展学院（International Institute for Management and Development，IMD）根据世界三大权威性的专业信用评级机构穆迪投资服务公司、惠誉国际信用评级有限公司和标准普尔公司的主权信誉评级，计算了国家综合信誉指数，用于识别跨国投资风险，德国、加拿大、新加坡等发达国家信誉指数达到 60 分的最高分，我国信誉指数为 48 分，处于中等偏上水平，略高于日本（见图 8-1）。

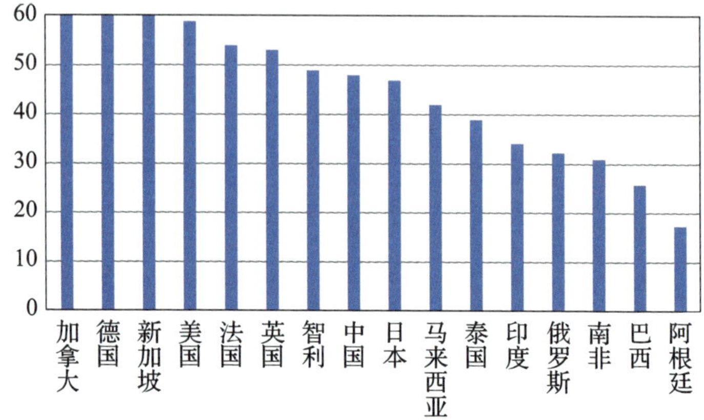

图 8-1　2018 年 IMD 国家综合信誉指数（1 ～ 60 分）

数据来源：IMD, World competitiveness yearbook, 2016.

2008 年国际金融危机，引发了部分欧洲发达国家主权债务危机，极大地影响了国家信誉，抬高了其政府和境内企业的融资成本。根据《欧洲货币论坛》（*Euromoney*）的评估，欧洲债务危机前后，部分国家风险陡升，国家风险得分明显下降，以希腊最为明显（见图 8-2）。

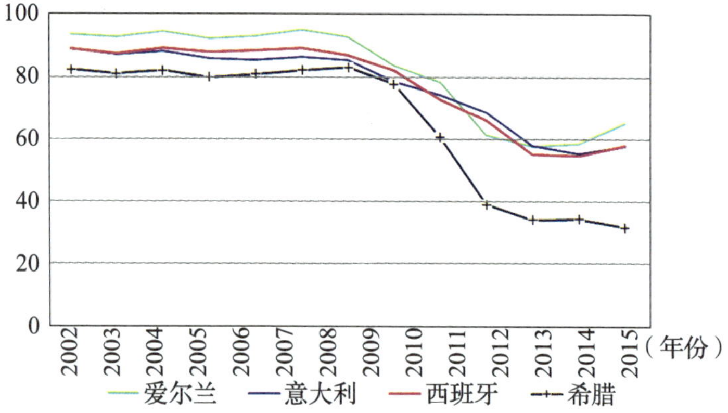

图 8-2　2002—2015 年深陷欧债危机部分国家风险得分（0 ～ 100 分）变化情况

数据来源：IMD, World competitiveness yearbook, 2003-2016.

（六）外汇储备：金融危机的防火墙

外汇储备的功能很多，例如当金融危机到来，本国货币被大量抛售时，国家可以用外汇储备购买本国货币，稳定本币币值。

我国是世界上外汇储备最多的国家，并且于2008—2014年呈现出较高的增长速度，自2015年以来外汇规模保持平稳。2019年12月末我国外汇储备3.107 9万亿美元，是排名第二日本的两倍以上。图8-3显示了2008—2018年部分国家外汇储备额变动情况。外汇储备是维护国际收支平衡，应对全球金融危机的重要工具，但也并非越多越好。大量的外汇储备由中央银行投放基础货币购买形成，即有相应金额的人民币并非由于经济发展，而仅由于形成外汇储备而投放市场，形成所谓的外汇占款，是我国货币超发的重要途径。此外，持有巨额外汇储备还须承担汇率变化和外汇发行国危机等成本，我国外汇储备流程如图8-4所示。

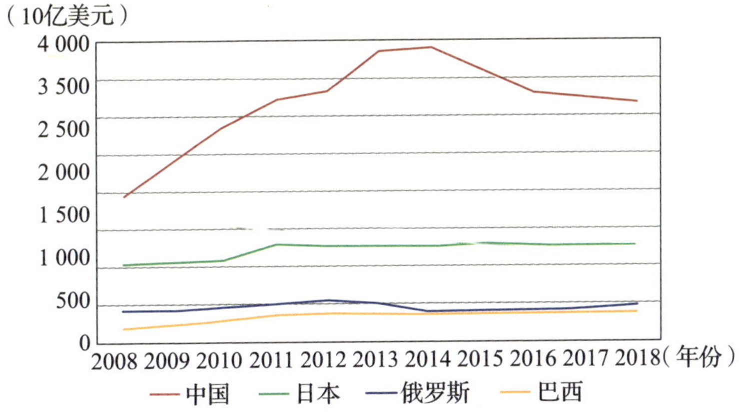

图8-3　2008—2018年部分国家外汇储备额变动情况

数据来源：IMD, World competitiveness yearbook, 2009-2019.

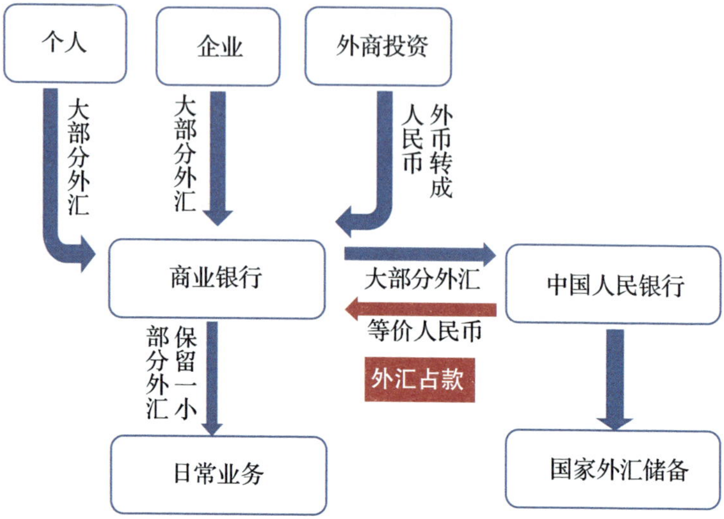

图 8-4　国家外汇储备流程图

| 小贴士 |

外汇储备

外汇储备，又称外汇存底，是一个国家或经济体的中央银行持有并可随时兑换他国货币的资产。狭义的外汇储备指一个国家或经济体的外汇累积；广义而言，指其持有以外汇计价的总资产，包括外汇现钞、黄金、国外货币债券或政府债券等。外汇储备是一个国家或经济体国际清偿力的重要组成部分，同时对于平衡国际收支、稳定汇率有重要影响。

（七）金融服务

金融服务已渗透居民生活的方方面面，如存钱、贷款、刷卡购物、购买保险、购买理财产品、网上支付等等。国家、企业、个人都在享受金融服务带来的便利。高效、安全、稳定的金融服务非常重要。从 IMD 的评估来看，我国银行和金融机构提供服务的效率有待提高，监管有待加强（见图 8-5、图 8-6）。

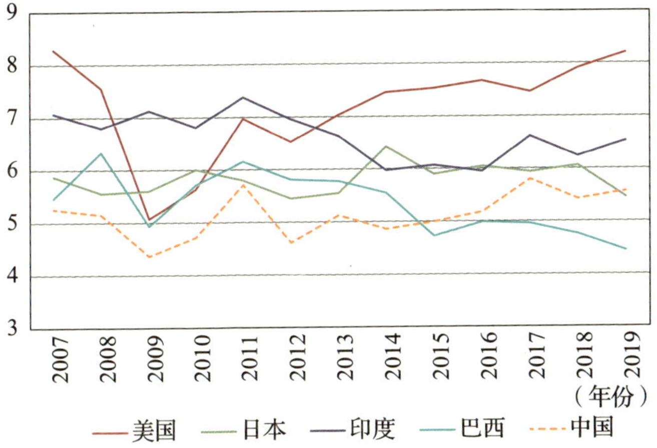

图 8-5　部分国家银行和金融服务效率得分（1 ～ 9 分）变化情况

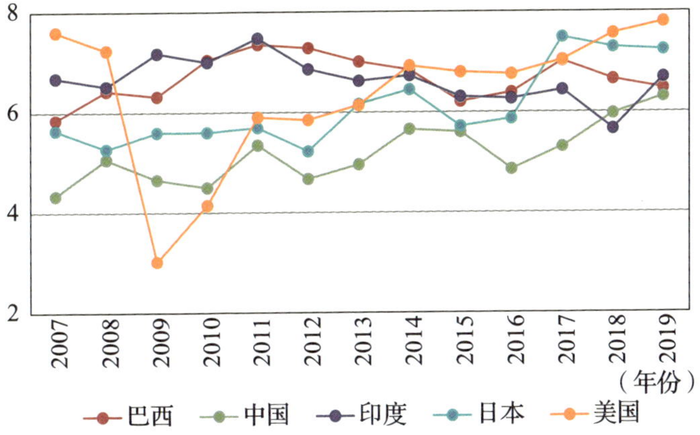

图 8-6　部分国家银行和金融监管得分（1 ～ 8 分）变化情况

数据来源：IMD, World competitiveness yearbook, 2007-2019.

（八）资本成本

资本成本指的是企业使用资本时需要付出的利息、费用、股息等。较低的资本成本有利于实体经济和企业发展。通常政局稳定、经济形势良好和金融市场成熟的国家或地区的企业资本成本较低。

近些年，我国资本市场波动较大，投资风险高，企业资本成本较高。2019 年我国资本成本有利于经济发展的得分仅 3.98，而欧美发达国家的得分远高于中国（见图 8-7）。

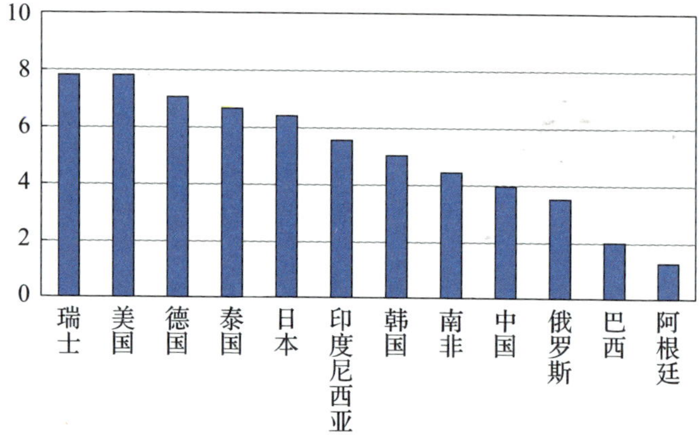

图 8-7　2019 年资本成本对经济影响力得分（1～10 分）情况

数据来源：IMD, World competitiveness yearbook, 2019.

九

基础设施：每天都在用

基础设施指的是为社会生产和居民生活提供公共服务的工程设施。广义的基础设施既包括公路、铁路、水运、航空、通信、供电、供水等生产生活所需基础设施，也包括教育、医疗、科技、体育及文化等社会基础设施。基础设施既关系到建设与发展，也关系到民生，是经济社会发展的基础和必备条件，同时也关系到人们生活的方方面面。

我国基础设施过去由于起点低、欠账多，发展不均衡，总体上比较落后。改革开放以来，经济快速增长保障了基础设施投资稳定增长，我国基础设施建设取得了举世瞩目的成就。中国民航已经是世界第二大航空运输系统，全球十大港口有七个在中国。我国信息技术飞速发展，中国已成为世界上网民最多的国家，2020 年 3 月中国网民数达到 9.04 亿。我国科技投入力度不断加大，2018 年联合国教科文组织发布的报告指出，中国研发支出位居全球第二，仅次于美国，占全球支出总量的 20% 以上。硬件基础设施快速发展的同时，我们仍须注意到我国创新能力不足，网速慢，公路铁路密度同发达国家相比仍有差距，水运航空运载能力不足，基础设施维护不到位、使用效率不高等问题还比较突出。中国在基础设施建设方面特别是在服务效率方面还需要不断挖掘潜力，我国的基础设施建设大有可为。

（一）要想富，先修路

公路、铁路等基础设施投资是我国投资的重点。有数据表明，基础设施资本存量过去 20 多年来保持了年均 10% 左右的增速。近年来我国大规模投资公路、铁路建设，成功打造了四通八达的陆上交通网络，构建了全球最大的高速铁路网络，极大地提升了客运和货运能力。相比 1978 年，2019 年我国公路里程接近当时的 5.5 倍，铁路营业里程是当时的 2.7 倍。图 9－1 显示了 1995—2019 年我国公路里程、铁路营业里程变化情况。

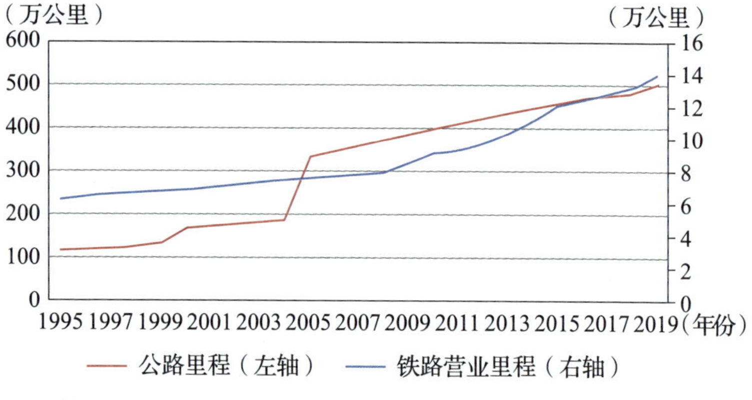

图 9－1　1995—2019 年我国公路里程、铁路营业里程变化情况

特别需要提及的是，我国的高速铁路建设发展迅速，高速铁路技术水平和建设速度已经吸引了许多国家的关注。中国最早的高速铁路是京津城际和武广高铁，分别于 2008 年和 2009 年开通运营。到 2019 年，中国高铁营业里程已经超过 3.5 万公里，占全球高铁营业里程的 60% 以上。

但是也要看到，1995—2016 年我国公路、铁路密度与发达国家特别是与美国比较还存在不小的差距（见图 9-2、图 9-3）。此外，我国铁路密度和人均公路长度只相当于七国集团的 24%，按照现有发展速度，还需要 30 年才能赶上它们的平均水平。

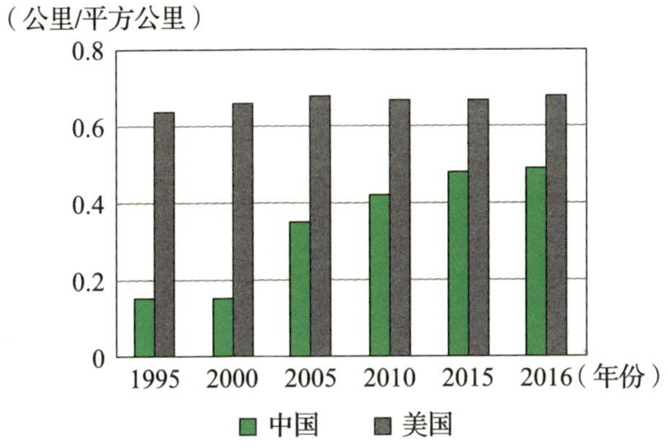

图 9-2　1995—2016 年中美公路密度对比情况

数据来源：IMD, World competitiveness yearbook, 1995-2016.

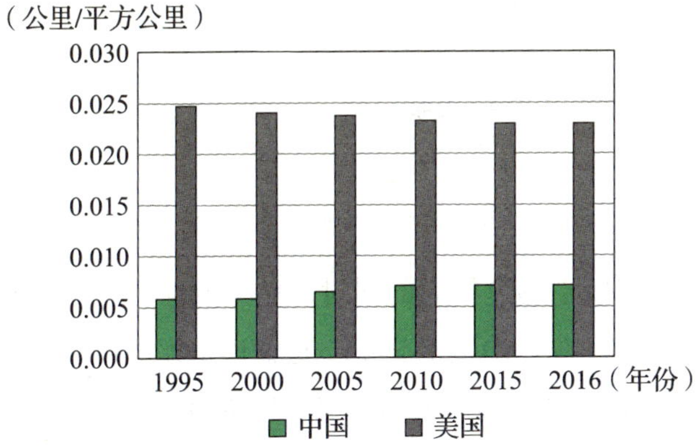

图 9-3　1995—2016 年中美铁路密度对比情况

数据来源：IMD, World competitiveness yearbook, 1995-2016.

（二）航空运输

我国民航事业发展迅猛。1950 年新中国民航初创时，只有 30 多架小型飞机，年旅客运输量仅 1 万人次。从 2012 年起中国已经是世界航空客运量第二大国，仅次于美国；2019 年旅客运输量为 6.6 亿人次（见图 9-4），约为美国的 2/3。在未来的发展中，中国航空运输业将迎来更快更大程度的发展。例如，目前我国仅有民用机场 200 多个，这个密度比起发达国家还有很大差距。

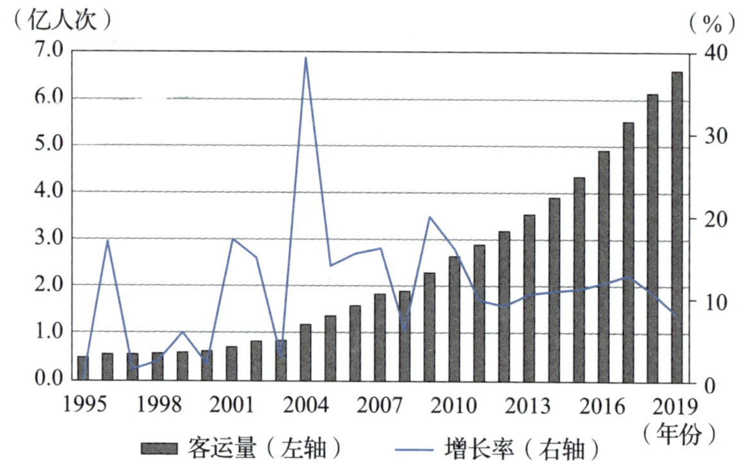

图 9-4　1995—2019 年我国民航客运量及增长率

数据来源：IMD, World competitiveness yearbook, 1995-2019.

在民用航空迅速扩大的同时，航空业综合质量还有待提升。2019 年，在 IMD 对各国航空运输质量评价中，中国在 63 个国家或地区中排名第 19，表明我国民航事业在满足商业需求方面仍有提升空间。

2019 年，中国航空运输质量得分超过 8 分，但与发达国家相比，稍有距离（见图 9–5）。

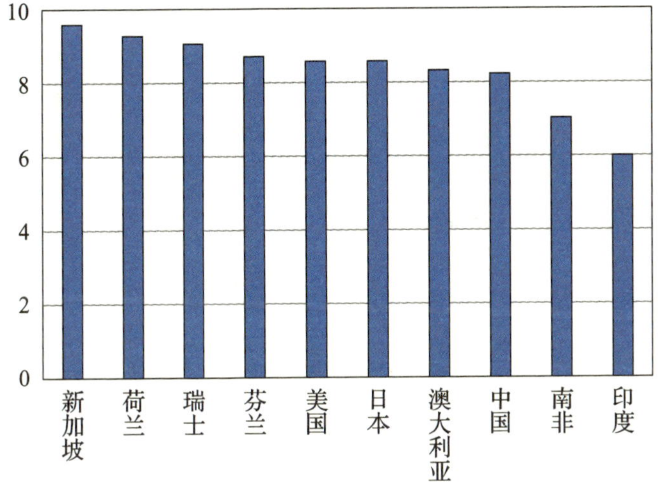

图 9–5　2019 年部分国家航空运输质量得分（1 ～ 10 分）情况

数据来源：IMD, World competitiveness yearbook, 2019.

（三）水运：最廉价的交通方式

水运是使用船舶运送客货的运输方式，主要承担大数量、长距离的运输，是干线运输的主力之一。随着国际贸易的迅猛发展，我国沿海港口建设十分迅速。据上海国际航运研究中心统计，2019 年，在全球十大港口中除货物吞吐量排名第 4、第 8、第 10 的港口外，其余均为中国港口，宁波 – 舟山港是全球货物吞吐量最大的港口（见表 9–1）。与此同时，我国水运对经济发展支撑软实力获得较高评价，2018 年水运能力得分为 8.20，处于全球中等偏上水平，但在主要国家或地区中排名第 21，与欧洲和北美洲水运能力仍有不小差距（见图 9–6）。

表 9-1　2019 年全球十大港口货物吞吐量排名　（万吨）

排名	港口名称	所属国家	货物吞吐量
1	宁波 - 舟山	中国	112 009
2	上海	中国	71 677
3	唐山	中国	65 674
4	新加坡	新加坡	62 618
5	广州	中国	60 616
6	青岛	中国	57 736
7	苏州	中国	52 275
8	黑德兰	澳大利亚	52 188
9	天津	中国	49 220
10	鹿特丹	荷兰	46 940

数据来源：上海国际航运研究中心。

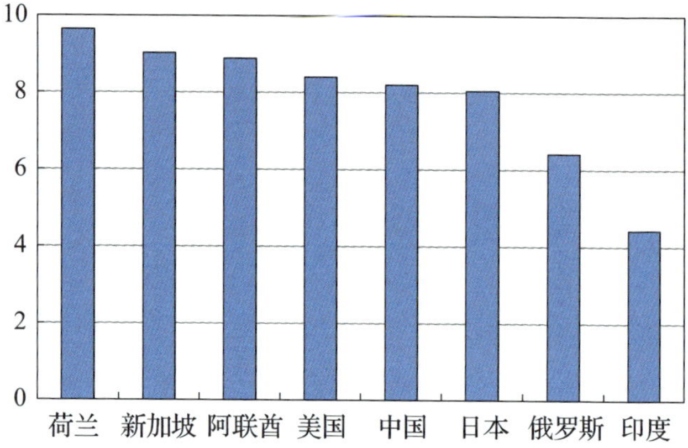

图 9-6　2018 年部分国家水运能力得分（1 ～ 10 分）情况

数据来源：IMD, World competitiveness yearbook, 2018.

（四）从“大哥大”到智能手机

1987 年移动电话进入中国，被称为“大哥大”，是非常富有的人才用得起的商品，当时公开售价在 20 000 元左右，是当时人均 GDP 的 20 倍左右，且供不应求。而短短几十年后，移动电话行业发生了翻天覆地的变化，移动电话（手机）进入智能时代，并已成为人们最为重要的随身物品。根据《2019 年通信业统计公报》，2019 年，中国移动电话（手机）普及率达 114.4 部 / 百人（见图 9–7）。

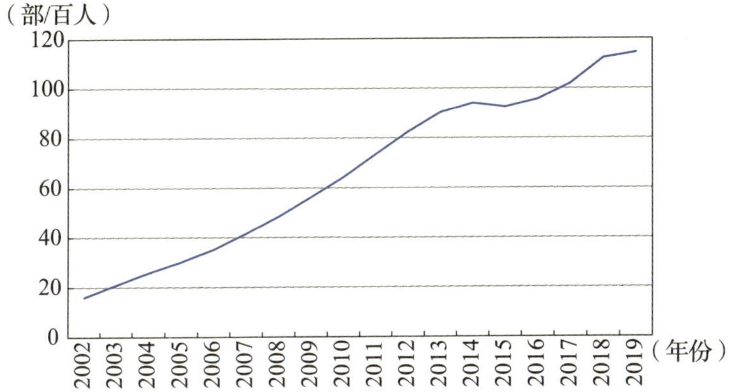

图 9–7　2002—2019 年中国移动电话（手机）普及率

由图 9–8 可知，无论是与自身相比还是与个别国家相比，中国在 2000—2018 年，千人移动电话拥有量都呈现跨越式发展。

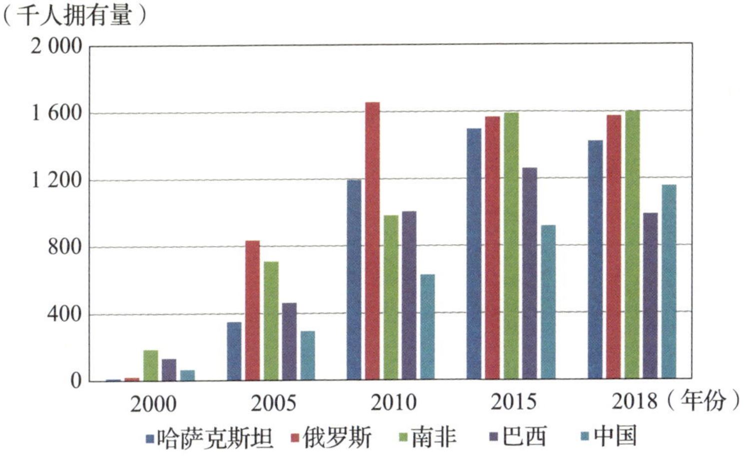

图 9–8　2000—2018 年千人移动电话拥有量比较

数据来源：世界银行，https://data.worldbank.org.cn.

（五）网民众多，网速较慢

网络和智能时代人们已离不开计算机和互联网。《中国互联网发展状况统计报告》显示，截至 2020 年 3 月中国互联网使用人数达到 9.04 亿，其中手机网民规模为 8.97 亿，互联网普及率达 64.5%。中国已经是世界上网民最多的国家（见图 9-9）。

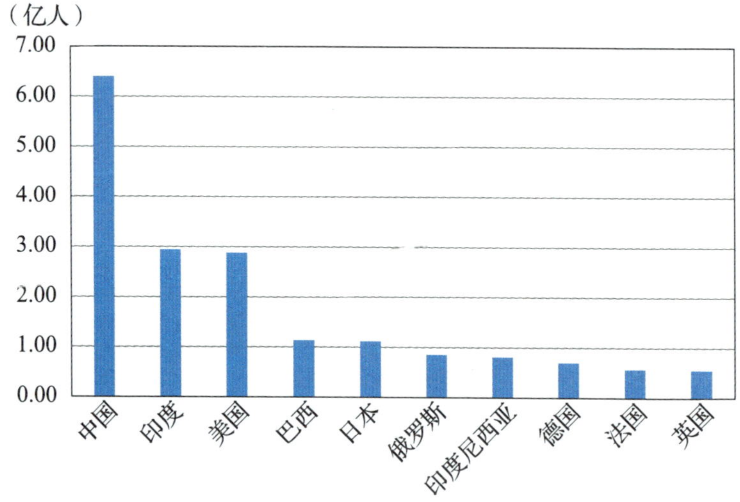

图 9-9　2017 年全球网民数位居前 10 的国家

与庞大的网民数量形成鲜明对比的是，不考虑费用，中国的网速仍需要提升，在 2018 年 IMD 统计的 63 个国家或地区中，中国网速位列第 61，甚至低于印度、巴西（见图 9-10）。网速慢已经成为政府、企业和网民都非常关心的问题。

（六）你是另类文盲吗

中国曾经是一个现代教育极不发达的国家，1949 年中国的文盲比例在 80% 以上，大多数人不识字。扫除文盲是中国政

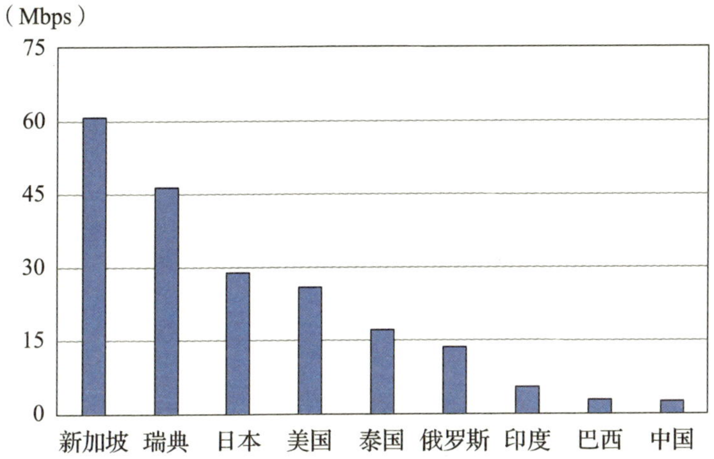

图 9-10　2018 年部分国家网速比较

数据来源：IMD, World competitiveness yearbook, 2019.

府几十年来十分重要的一项工作内容。根据 2011 年公布的第六次全国人口普查数据，2010 年中国的文盲率已经降至 4.08%，这是中国教育史上最有标志性的成果。中国的基础教育发展迅速，九年义务教育基本上实现了全覆盖。中国的高等教育发展成就也十分显著，每 10 万人中拥有大学文化程度的人口迅速上升，1964 年仅为 416 人，1982 年为 615 人，1990 年为 1 422 人，2000 年为 3 811 人，2010 年猛增至 8 930 人。

随着科学技术的发展，人们对于知识掌握的程度和要求也不完全一样。联合国将文盲重新定义为三类人：一是不能读书识字的人，即传统文盲；二是不能识别现代社会符号（地图、曲线图等常用图表）的人；三是不能使用计算机进行信息交流和管理的人。后两类被称为“功能型文盲”，在现代信息社会中生活存在困难。

计算机的使用和普及是现代信息社会的标志。我国信息技术起步晚，发展快。1995 年我国在用计算机只占全世界的

1.12%，是美国的 3%；2017 年，我国已超过美国，成为在用计算机最多的国家（见图 9-11）。同时，我国人均电脑拥有量并不高，2017 年为 0.347 台，不足美国的 30%（见图 9-12）。在中国，计算机的使用和普及仍需要各方面做积极的努力。

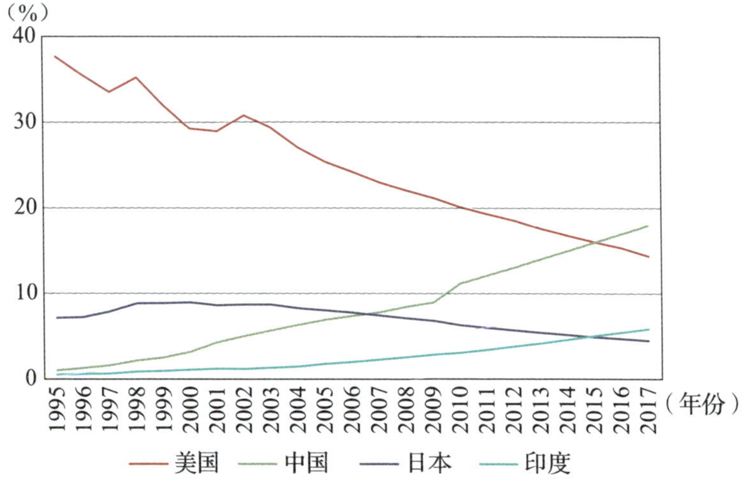

图 9-11　1995—2017 年中美日印在用计算机占世界份额变化情况

数据来源：IMD, World competitiveness yearbook, 1995-2017.

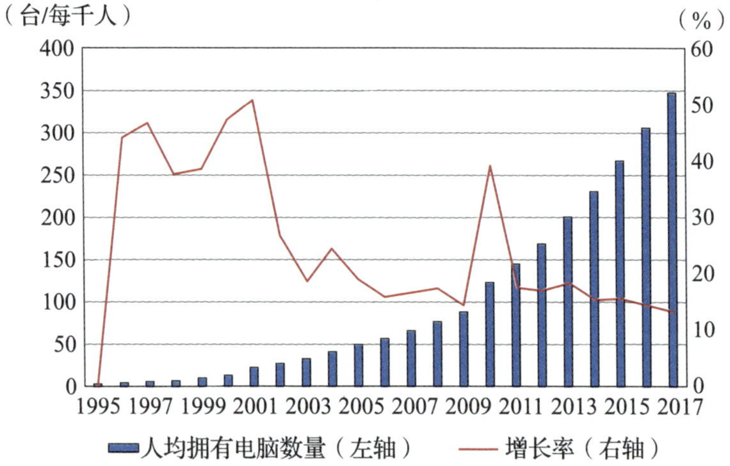

图 9-12　1995—2017 年中国千人拥有电脑数量及其增长率

数据来源：IMD, World competitiveness yearbook, 1995-2017.

（七）有钱才能搞科研

科学技术是第一生产力。蒸汽革命以来，科技的巨大进步极大地促进了世界经济繁荣发展，人类 20 世纪利用科技创造的物质财富超过了以往任何一个时代。近年来，我国研发（R&D）投入快速提升。2017 年 R&D 经费 2 604.94 亿美元，居世界第二，仅次于美国（见表 9-2）。我国 R&D 经费占 GDP 比例（2.13%）、人均 R&D 费用都有了翻天覆地的变化（见表 9-3）。但是同时也要看到与发达国家仍有明显差距。

表 9-2　2017 年 R&D 经费最多的国家及其排名　（亿美元）

国家	R&D 投入	排名
美国	5 432.49	1
中国	2 604.94	2
日本	1 561.28	3
德国	1 116.21	4
韩国	696.99	5
法国	565.23	6
英国	438.89	7
意大利	263.19	8
加拿大	262.06	9
澳大利亚	234.24	10

表 9-3　2017 年部分国家 R&D 经费占 GDP 的比例及其排名

国家	比例（%）	排名
韩国	4.55	1
以色列	4.54	2
瑞士	3.37	3

续前表

国家	比例（%）	排名
瑞典	3.33	4
日本	3.21	6
中国	2.13	14

数据来源：IMD, World competitiveness yearbook, 2019.

图 9-13 显示了 2005—2017 年部分国家 R&D 支出占 GDP 比例变化情况。

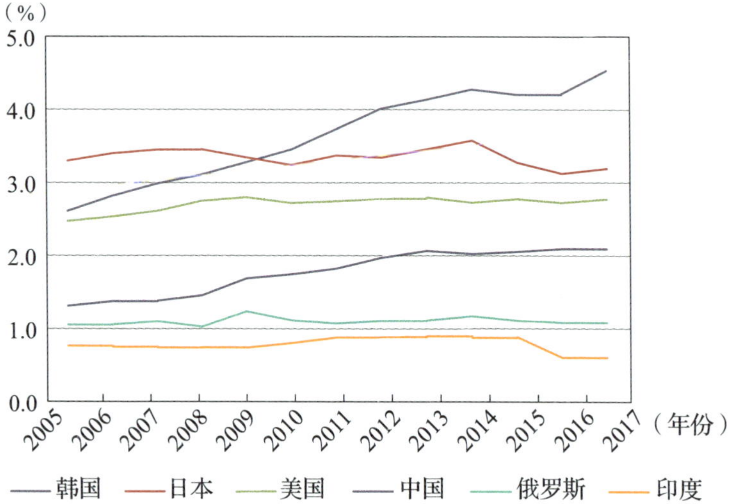

图 9-13　2005—2017 年部分国家 R&D 支出占 GDP 比例变化情况

数据来源：IMD, World competitiveness yearbook, 2007-2019.

| 小贴士 |

R&D

R&D 即科学研究与实验发展（research and development），简称研发。一般指的是科研机构或者企业开发新产品或者实质性地改善技术、产品以及服务。R&D 经费投入强度用于衡量一个国家（地区）或企业对科技和创新的投入力度。

（八）我们国家具有创新精神吗

创新推动发展已经成为全球共识，面对经济衰退，各国更加重视创新发展。2019 年，最具创新精神的国家是瑞士，且连续 9 年稳居榜首。我国近些年来也加大力度坚持创新发展理念，全面实施创新驱动发展战略，深入推进大众创业、万众创新，取得了明显的成效。中国创新指数连续 4 年保持上升势头，位居全球第 14，相比 2018 年提升 3 位（见表 9-4）。2016 年 5 月，全国科技创新大会召开，习近平总书记提出，到 2020 年时使我国进入创新型国家行列，到 2030 年时使我国进入创新型国家前列，到新中国成立 100 年时使我国成为世界科技强国。

表 9-4　2019 年部分国家创新指数及其排名

排名	国家	创新指数
1	瑞士	67.24
2	瑞典	63.65
3	美国	61.73
4	荷兰	61.44
5	英国	61.30
6	芬兰	59.83
7	丹麦	58.44
8	新加坡	58.37
9	德国	58.19
10	以色列	57.43
14	中国	54.82
15	日本	54.68

数据来源：WIPO，2019 年全球创新指数。

十

社会福利：我们的当下与未来

（一）人类发展指数

健康、教育和生活是人们的基本需求，联合国在此基础上定义和测算了全球经济体的人类发展状况。中国是一个人口大国，所面临的健康、教育和生活等方面的问题和困难也远远大于世界其他国家。尽管如此，中国仍然在这些方面做了大量的努力。2019 年中国人类发展指数 0.758（见图 10-1），按联合

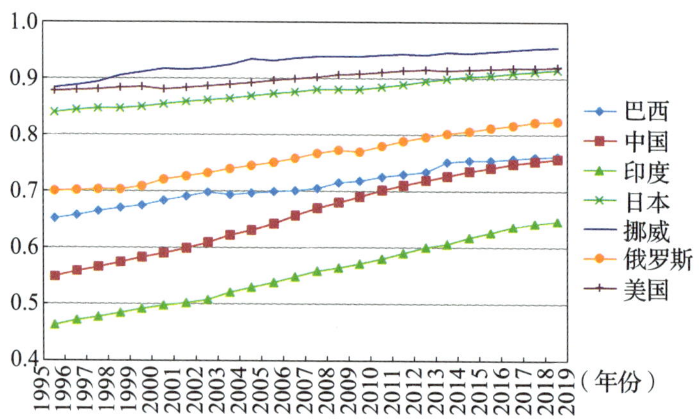

图 10-1　1995 年以来部分国家人类发展指数变动情况

数据来源：UNDP, Human development reports, http://hdr.undp.org.

国分类属于高水平，与同处高水平的俄罗斯有一定差距，略高于世界平均水平 0.731，在 190 余个经济体中排名第 85，低于我国人均收入的世界排名。

| 小贴士 |

人类发展指数

人类发展指数由联合国开发计划署在《1990 年人文发展报告》中提出，该指数结合经济、社会和教育方面的指标，衡量一个国家三大基本人类发展维度的平均成就：健康长寿的生活（健康）、知识的获取（教育）以及体面的生活（收入）。

根据 2018 年的结果，联合国将全球经济体人类发展水平分为 4 类：挪威、瑞士、爱尔兰、德国等 62 个得分在 0.8 以上的经济体处于“极高”水平，塞尔维亚、巴西、中国、印度尼西亚等 54 个得分 0.7 ～ 0.8 的经济体处于“高”水平，越南、伊拉克、印度、肯尼亚等 37 个得分 0.55 ～ 0.7 的经济体处于“中”水平，叙利亚、尼日利亚、坦桑尼亚、尼日尔等 36 个经济体处于“低”水平。

（二）老龄化：持续增长的隐忧

老龄化意味着劳动力人口比例的降低，从经济学上讲是财富的创造者需要拿出更多的收入来供养老人（当然现时的劳动者将来也会步入老龄并需要更年轻一代的供养）。自 20 世纪 60 年代以来，我国 65 岁及以上人口的比例稳定上升，于 2000 年左右突破 7% 使中国进入老龄化社会，2019 年该比例已达 12.6%。所以，我国经济发展不仅面临着保持中高速增长的挑战，还面临着人口老龄化和劳动力增长不足的挑战。尽管与发达国家相比这一数字还不算太高，但对未来经济增长和福利体系的挑战依然严峻（见图 10－2）。

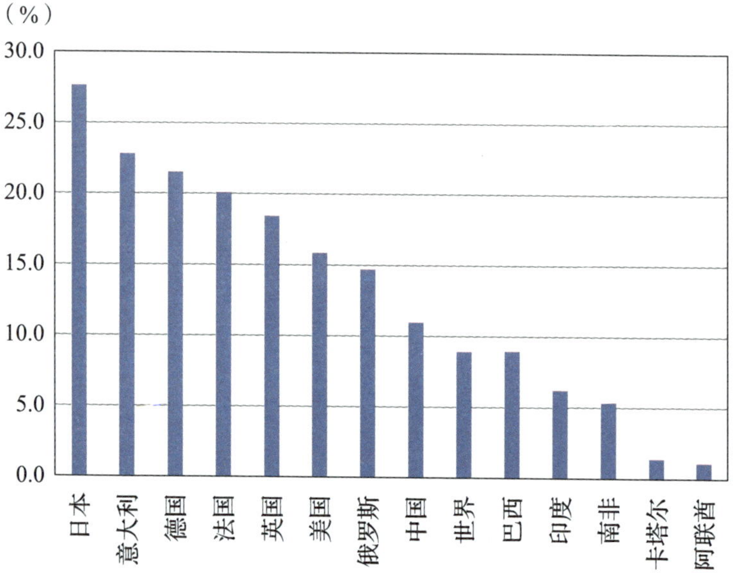

图 10－2　2018 年部分国家 65 岁及以上人口比例

数据来源：世界银行，https://data.worldbank.org.cn.

2019 年 11 月，中共中央、国务院印发了《国家积极应对人口老龄化中长期规划》，作为国家战略系统阐述了应对人口老龄化的工作任务，具体包括财富储备、劳动力供给、服务与产品供给、科技创新能力、社会环境等五个方面，较为全面地阐述了积极健康老龄化的支持要素，即应对老龄化不仅仅是提供针对老年人口的服务，更要综合考虑劳动力供给和人口结构变化，保持经济持续发展和财富储备支持，改善和提升健康和卫生条件，营造良好自然和社会环境，通过技术和创新寻找应对老龄化的突破口。

（三）我们为孩子做了多少

我国是发展中的大国办大教育，目标就是要办好公平优质的教育，以教育现代化支撑国家现代化，让更多的孩子成就梦想，更多的家庭实现希望。自2006年以来，我国人均公共教育支出增长迅速，15岁以上成人文盲率下降明显，至2015年，成人文盲率已不足4%（见图10-3）。从图10-4看出，我国人均公共教育支出不足1 000美元，尽管增长迅速，我国与发达国家差距还很大。此外，教育在推动经济发展上的评价我们也明显落后，发展教育仍需着力（见图10-5）。

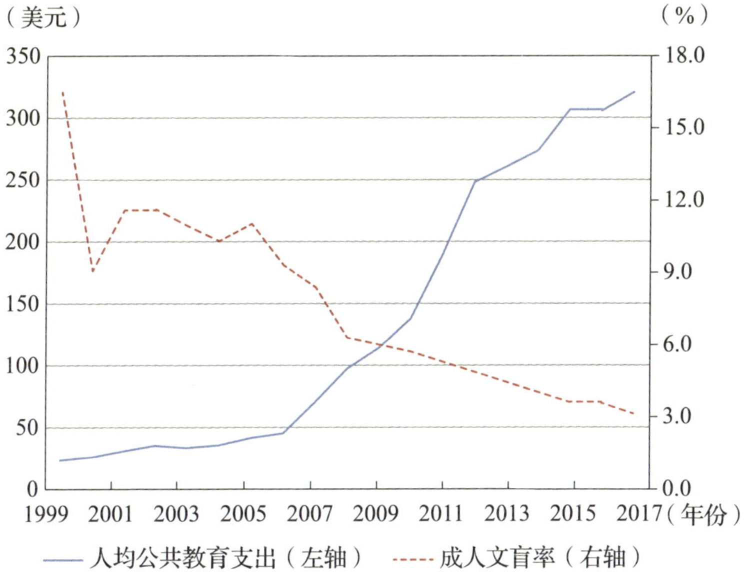

图10-3　1999—2016年中国人均公共教育支出和成人文盲率

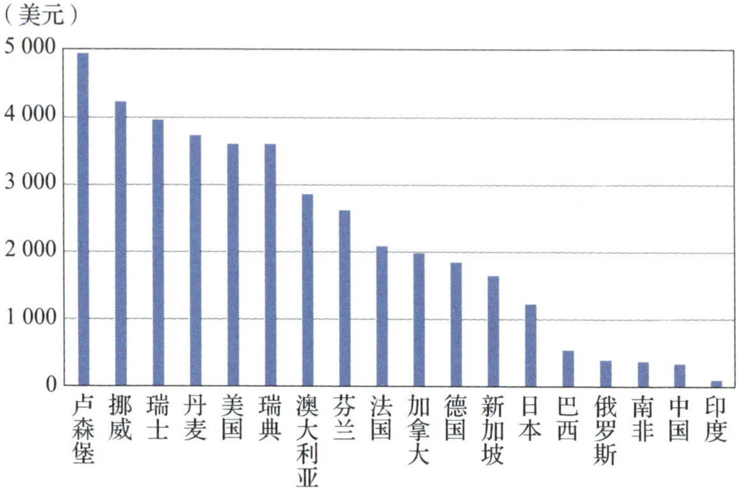

图 10-4　2017 年部分国家人均公共教育支出

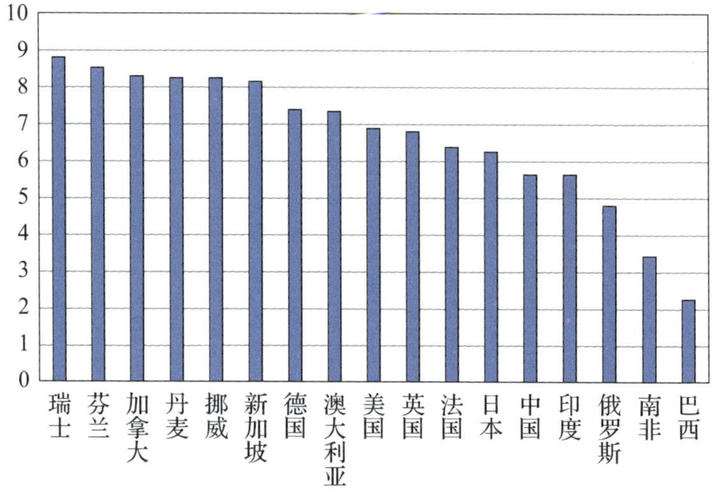

图 10-5　2018 年部分国家的教育在推动经济发展方面的得分（0 ～ 10）情况

数据来源：IMD, World competitiveness yearbook, 2019.

（四）亟待改进的健康设施

健康是人民幸福之根本，是社会发展之基础。没有全民的健康，就没有全面的小康。近几十年来，中国的医疗保险制度经历了较长时期的改革和调整，目前的任务就是要搭建起基本医疗卫生制度框架，完善多层次的全民医保制度。

目前，全球人均健康公共支出前10的国家中，欧洲占8个，且其保健基础设施能很好地满足社会需要（见表10-1）。金砖五国人均健康公共支出均较低，仅巴西超过人均1 000美元，我国仅达人均400美元，五国保健基础设施均无法很好地满足社会需要，与发达国家差距较大（见表10-2）。2016年，在全国卫生与健康大会上，我国提出了加快推进健康中国建设的宏伟目标，这必将对改进和完善我国医疗保险等制度起到重要作用。

表10-1　全球人均健康公共支出排名前10的国家及其保健基础设施得分情况

国家	人均健康公共支出（2016，美元）	保健基础设施得分（2019）	排名
美国	9 882	5.43	1
瑞士	9 858	8.91	2
挪威	7 425	7.86	3
卢森堡	6 309	7.97	4
丹麦	5 658	8.23	5
瑞典	5 604	6.92	6
冰岛	5 087	7.26	7
澳大利亚	4 858	7.53	8
荷兰	4 766	8.52	9
德国	4 728	8.20	10

表 10-2　金砖五国人均健康公共支出和保健基础设施得分

国家	人均健康公共支出（2016，美元）	保健基础设施得分（2019）
巴西	1 025	2.14
俄罗斯	470	3.57
南非	430	3.06
中国	403	5.98
印度	64	4.55

数据来源：IMD, World competitiveness yearbook, 2019.

从 1997—2016 年，在金砖五国中，中国的人均健康公共支出只高于印度，与巴西（尽管有较大波动）差距依然明显（见图 10-6）。

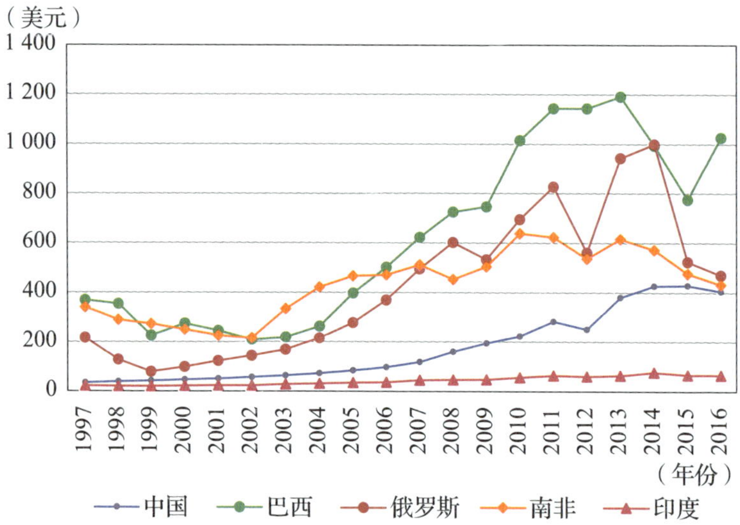

图 10-6　金砖五国人均健康公共支出变化

数据来源：IMD, World competitiveness yearbook, 2000-2019.

（五）高质量的生活离我们有多远

西欧多数国家生活质量评价得分多在 9 分以上，质量普遍较高，金砖五国 20 多年来生活质量水平提升轨迹较为相似，均在波动中有所提高，相互之间差距逐渐缩小，中国更是其中提升比较明显的国家（见图 10-7）。但是从整体上看，由于中国发展基础比较薄弱，目前仍与发达国家有较大差距。

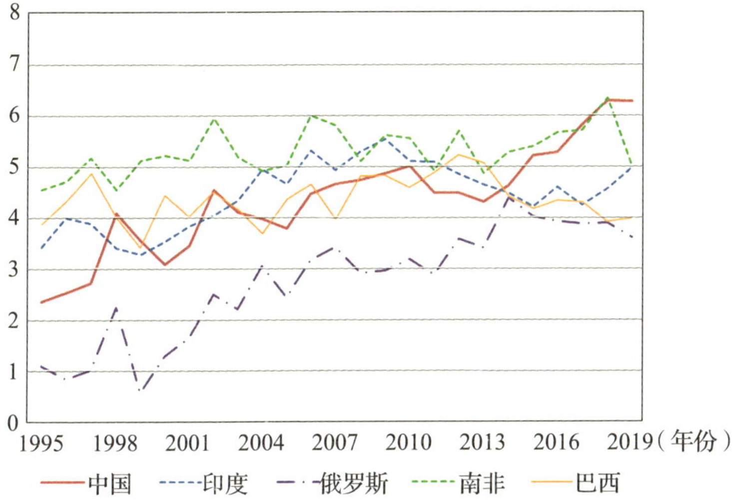

图 10-7　金砖五国 1995—2019 年生活质量评价得分（0～8 分）变化情况

数据来源：IMD, World competitiveness yearbook, 1995-2019.

（六）享受的欧洲与勤奋的亚洲

亚洲国家无论发达与否，普遍比较勤奋，年平均工作时间在 2 000 小时以上；欧洲国家年平均工作时间约 1 750 小时。我国人民更是以勤奋坚忍、吃苦耐劳著称于世。随着我国经济快速发展和人民生活水平不断提高，各种消费特别是文化休闲消费也快速增加。目前，我国法定节假日天数已接近世界平均水平，但职工带薪年休假较少，总体休假水平明显低于世界平均水平（见表 10-3）。

表 10-3 休假时间比较 （天）

国家	法定节假日	工作 10 年员工带薪年休假（工作日）	合计天数
法国	11	25	36
英国	8	28	36
日本	15	20	35
韩国	15	19	34
哥伦比亚	18	15	33
意大利	11	20	31
澳大利亚	10	20	30
德国	9	20	29
南非	12	15	27
美国	10	15	25
墨西哥	7	16	23
泰国	16	6	22
中国	11	10	21
菲律宾	15	5	20
加拿大	9	10	19
62 个国家或地区（平均）	**11.7**	**19**	**30.7**

数据来源：《人民日报》。

十一

“一带一路”：新起点、新机遇

2013 年，习近平总书记首次提出共建“一带一路”（丝绸之路经济带和 21 世纪海上丝绸之路）的重大倡议，得到国际社会广泛关注和积极响应。它借用了古代中国与世界交往的“丝绸之路”之名，是新时代中国加强与世界联系的重要倡议，它以和平与发展为主线，积极发展与沿线国家或地区的经济合作，共同寻找战略机遇，推动建立政治互信、经济融合、文化包容的利益共同体、命运共同体和责任共同体。

2008 年国际金融危机极大地减缓了世界的发展，发达国家经济长期低迷，国内政治压力增大，对全球化和自由贸易的态度有所扭转，不仅未能解决自身的经济发展问题，对全球特别是发展中国家或地区的负面影响也十分明显。

中国经过改革开放以来的快速发展，积累了财富和经验。一方面，中国的经济总量已经达到世界第二位，产业门类齐全，且在多个产业和多种关键产品上具有全球竞争优势，在危机中成为拉动全球经济增长的重要力量。另一方面，中国的人均财富水平仍处于发展中国家行列，且中国也深受全球危机的影响，经济增速开始放缓。寻求新的经济增长点，特别是在全球化背景下寻求与世界市场的合作与共赢，不仅是中国与有关国家或地区的重要战略合作机遇，也是中国作为负责任大国的重要体现。

“一带一路”倡议在这样的背景下提出，它既是以市场为原则的经济合作，又特别注重基础设施建设等单一国家或私人资本所不愿或无力介入的领域；它既是经济合作主导的，又渗透到社会、政治、文化等多个领域，其影响是多方面的。

在“一带一路”沿线国家或地区当中，既有具备一定发展基础的高收入国家或地区，如以色列、新加坡和韩国等，又有东欧转型国家，如波兰、捷克和白俄罗斯等，更多的是亚非大陆广大的发展中甚至欠发达国家或地区，如巴基斯坦、阿富汗和埃塞俄比亚等。初步了解代表性国家或地区的经贸文化特征，有助于全面了解这一前瞻性战略的基础环境，有助于推进符合当地国情和民情的发展思路。

我们需要牢牢记住习近平总书记的讲话：“在‘一带一路’建设国际合作框架内，各方秉持共商、共建、共享原则，携手应对世界经济面临的挑战，开创发展新机遇，谋求发展新动力，拓展发展新空间，实现优势互补、互利共赢，不断朝着人类命运共同体方向迈进。”[①] 这是习近平总书记提出这一倡议的初衷，也是希望通过这一倡议实现的最高目标。

（一）新的区域合作理念

“一带一路”中的“带”指丝绸之路经济带，它连接了中国与中亚、东欧和西欧，旨在实现中国与地中海、波斯湾、中

① 中共中央宣传部．习近平新时代中国特色社会主义思想学习纲要．北京：学习出版社，2019：213-214.

东地区、南亚和东南亚的互联互通。该条线路的重要规划在于搭建“亚欧大陆桥”，即建设一条始于中国东部沿海地区，一路延伸至西欧的物流链；开发多条经济走廊，使中国与蒙古、俄罗斯、中亚、东南亚连接。

“一带一路”中的“路”指21世纪海上丝绸之路，它始于中国东南沿海，向西经南海和印度洋通向地中海，连接东南亚、南亚、中东、西非、北非和欧洲的广阔地区；向东延伸至南太平洋，连接东南亚，进而影响环太平洋沿线。

“一带一路”一端是快速发展的中国，一端是高度发达的欧洲，沿线地区则主要是发展中国家和转型国家。这些国家不仅地理信息差异大，在社会、文化、宗教等方面具有鲜明的多样性，因此求同存异、互利共赢是“一带一路”倡议的重要原则。

表11-1具体呈现了2018年“一带一路”沿线主要国家或地区面积和人口信息。

表11-1　2018年“一带一路”沿线主要国家或地区面积和人口信息

国家或地区	人口（百万）	面积（万平方公里）	人口密度（千人/平方公里）
中国	1 392.7	956.3	148
柬埔寨	16.2	18.1	92
捷克	10.6	7.9	138
埃及	98.4	100.1	99
埃塞俄比亚	109.2	110.4	109
印度	1 352.6	328.7	455
伊朗	81.8	174.5	50
以色列	8.8	2.2	410
哈萨克斯坦	18.3	272.5	7
韩国	51.6	10.0	529

续前表

国家或地区	人口（百万）	面积（万平方公里）	人口密度（千人 / 平方公里）
巴基斯坦	212.2	79.6	275
俄罗斯	144.5	1 709.8	9
泰国	69.4	51.3	136
土耳其	82.3	78.5	107
全球	**7 592.9**	**13 202.5**	**60**

数据来源：世界银行，https://data.worldbank.org.cn.

（二）不平衡的区域发展

“一带一路”沿线国家或地区多是发展中国家，这些地区有发展经济的期盼，也是世界经济发展的动力所在。从人均国民收入水平看，东亚和东南亚地区略为富有，2018 年，其人均国民收入水平为 1 万美元左右，基本达到全球平均水平；南亚较为贫困，人均国民收入水平仅为 1 600 美元左右；中东地区差异巨大，既有卡塔尔人均国民收入 7.5 万美元的高水平，也有伊拉克和伊朗人均国民收入 6 000 美元左右的中低水平。

2018 年“一带一路”沿线部分国家人均国民收入水平如表 11-2 所示。

表 11-2　2018 年“一带一路”沿线部分国家人均国民收入水平及全球平均水平

（美元）

国家	汇率法	PPP 法
新加坡	58 770	92 150
以色列	40 930	40 280
韩国	30 620	39 630

续前表

国家	汇率法	PPP 法
捷克	20 230	38 180
波兰	13 300	25 850
哈萨克斯坦	8 080	22 950
中国	9 460	15 320
伊朗	5 628	14 560
泰国	6 610	17 650
印度	2 020	6 630
巴基斯坦	1 590	5 110
柬埔寨	1 390	3 970
埃塞俄比亚	790	2 140
全球	**11 125**	**16 885**
低收入水平	847	2 330
中低收入水平	2 243	6 887
中高收入水平	8 864	16 809
高收入水平	44 295	50 752

数据来源：世界银行，https://data.worldbank.org.cn.

从推动全球经济发展的角度看，这一地区的多个国家近年来实现了快速的经济增长，且不乏区域大国，为全球走出危机贡献了重要力量。比如 2018 年，中国、印度、越南、埃塞俄比亚等国 GDP 增长率在 6% 以上，坦桑尼亚、印度尼西亚等国增长率在 5% 以上，相应当年全球 GDP 增长率仅为 3.1%(见图 11-1)。

(三) 在投资中寻找机会

投资是推动经济增长的重要引擎。发展中国家和中国改革开放初期一样，都面临投资缺乏的问题，而这一问题在发展初

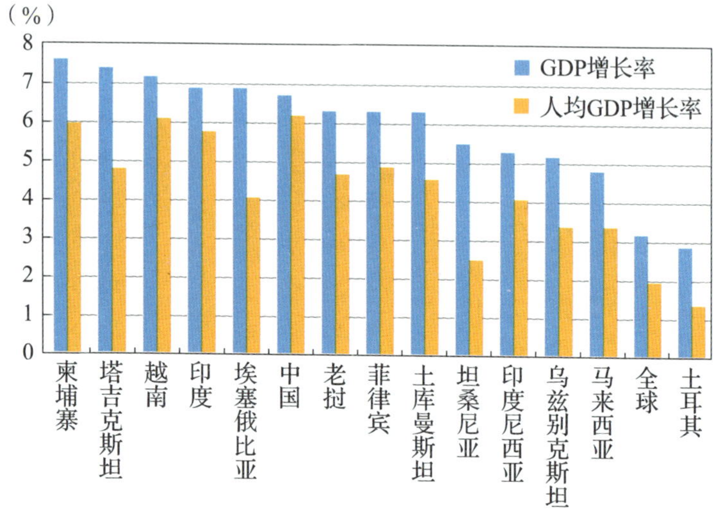

图 11-1　2018 年"一带一路"沿线部分国家及全球 GDP 与人均 GDP 增长率

数据来源：世界银行．世界发展指标．https://data.worldbank.org.cn.

期无法从内部寻找解决途径，多依靠外商直接投资。中国是成功吸引外商直接投资的典范，2018 年外商直接投资存量近 2 万亿美元，仅次于美国而位居世界第 2，极大地推动了我国经济的稳定发展（见表 11-3）。"一带一路"沿线的多数国家目前仍处于投资来源不足、持续增长动力不足的状态，与其所拥有的资源和劳动力不匹配，有待在投资中寻找机会，而外商直接投资则是起步阶段的重要支撑。

表 11-3　2000—2018 年部分国家外商直接投资存量　（亿美元）

国家	2000	2005	2010	2015	2018
中国	1 933	2 721	5 878	12 209	16 277
埃塞俄比亚	9	28	42	109	223
印度	163	432	2 056	2 826	3 864
印度尼西亚	—	412	1 607	2 224	2 263

续前表

国家	2000	2005	2010	2015	2018
伊朗	26	160	290	451	570
巴基斯坦	69	102	198	344	419
俄罗斯	297	1 786	4 642	2 627	4 074
土耳其	188	714	1 884	1 590	1 345
澳大利亚	1 217	2 477	5 277	5 658	6 829
法国	1 842	3794	6307	6 874	8 249
德国	4 709	6 401	9 559	7 817	9 390
以色列	204	308	601	993	1 480
新西兰	241	441	597	665	748
全球	**73 773**	**114 230**	**197 519**	**263 127**	**322 720**

数据来源：UNCTAD（联合国贸易发展会议）数据库。

从人均水平看，2018 年，发达国家吸引外商直接投资存量多在人均 1 万美元以上，而包括中国在内的广大发展中国家和转型国家的人均水平普遍较低，特别是发展中国家的人均水平更低（见表 11－4）。提高这一水平无疑将大力推动发展中国家的经济和社会发展。

表 11－4　2000—2018 年部分国家人均外商直接投资存量　（美元）

国家	2000	2005	2010	2015	2018
中国	151	206	432	874	1 150
埃塞俄比亚	14	37	48	110	207
印度	16	38	167	216	285
印度尼西亚	—	182	663	862	848
伊朗	39	227	388	568	695
巴基斯坦	50	66	116	182	208
俄罗斯	203	1 244	3 243	1 826	2 830
土耳其	297	1 052	2 605	2 031	1 642

续前表

国家	2000	2005	2010	2015	2018
澳大利亚	6 382	12 241	23 857	23 773	27 566
法国	2 995	5 996	9 676	10 305	12 214
德国	5 779	7 837	11 816	9 567	11 411
以色列	3 397	4 666	8 091	12 315	17 514
新西兰	6 246	10 663	13 670	14 409	15 741
全球	**1 241**	**1 753**	**2 845**	**3 577**	**4 243**

数据来源：UNCTAD 数据库。

（四）在建设中寻求合作

基础设施建设是经济发展的重要保障。中国在经济快速发展的同时，不仅构建了全球最大的高速铁路网，而且在高速公路、民用航空、港口码头、新能源发电、输电线路、通信等基础设施建设上取得了突飞猛进的发展，在 2018 年的基础设施状况综合评估中，中国均获得了较高分数（见图 11-2）。

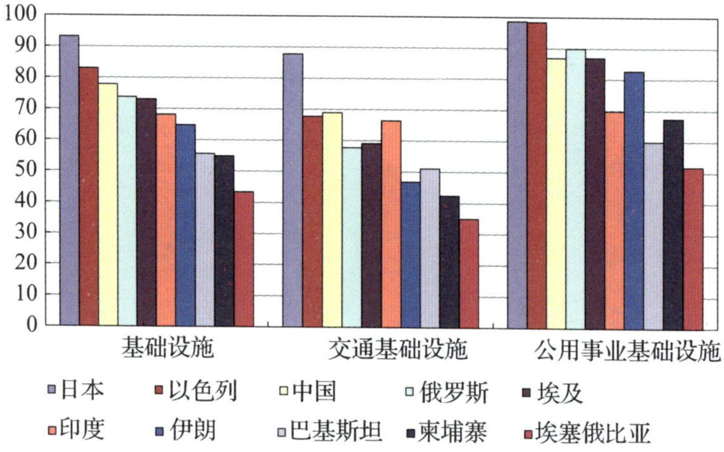

图 11-2　2018 年部分国家基础设施状况综合评估（0 ～ 100 分）

数据来源：World Economic Forum, The global competitiveness report, 2019.

综观“一带一路”沿线国家，多数国家的基础设施建设相对比较落后，或在某些方面有特色，但整体比较落后。比如，从自然地理条件来说，埃及地处大西洋连接印度洋的要道，其港口发展有一定优势，但公路和铁路发展水平落后。推动沿线国家发展基础设施，不仅是推动当地经济发展的着力点，也是从陆路和水路建立欧亚通道的关键节点。图 11-3 是世界经济论坛对相关国家基础设施情况的评估。

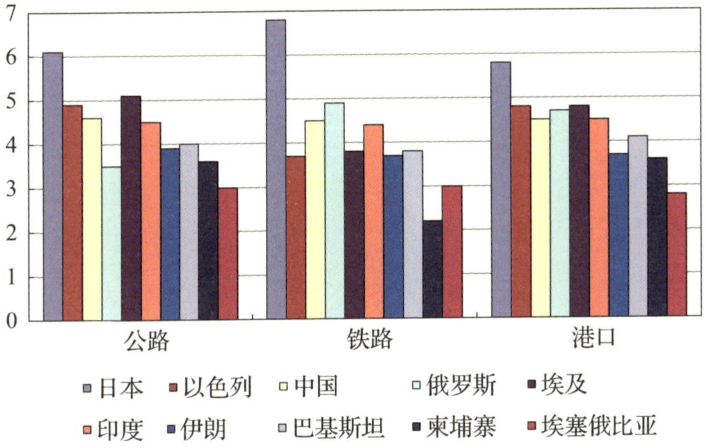

图 11-3　2018 年部分国家基础设施分类状况评估（0 ～ 7 分）

数据来源：World Economic Forum, The global competitiveness report, 2019.

从网络服务看，发达国家百万人拥有的互联网服务器数量多在千台以上，而“一带一路”沿线多数国家相对落后（见图 11-4）。发展互联网，将为借助互联网发展新经济提供广阔平台，中国和“一带一路”沿线国家大有可为。

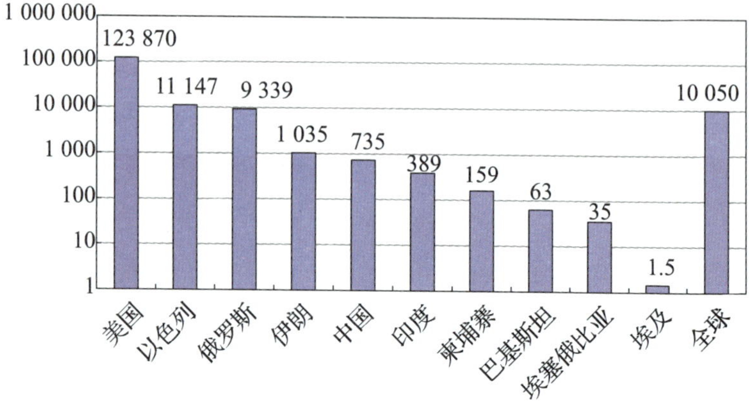

图 11-4　2019 年部分国家每百万人拥有的互联网服务器个数

说明：由于区域间差距很大，这里采用对数坐标轴。

数据来源：世界银行，https://data.worldbank.org.cn.

（五）在发展中承担责任

在全球化过程中，中国始终坚持和平共处、互利共赢。在新的形势下，我们既要看到辉煌的发展成果，又要认清我国仍为发展中国家。这要求我们一方面仍要关注国内问题，解决自身的发展问题和贫困问题；另一方面又要力所能及地承担大国责任，为全球发展贡献力量。“一带一路”倡议的提出正是中国承担国际责任的体现。

中国的人类发展指数从 20 世纪 90 年代 0.499 的水平提升到 2018 年的 0.758，是增长最快的国家之一，但距离高质量的人类发展还有一定距离。同时，综观“一带一路”沿线国家，除以色列等少数发达国家以及俄罗斯等部分转型国家外，多数国家的人类发展指数不高，仍处于发展的起步阶段（见图 11-5）。

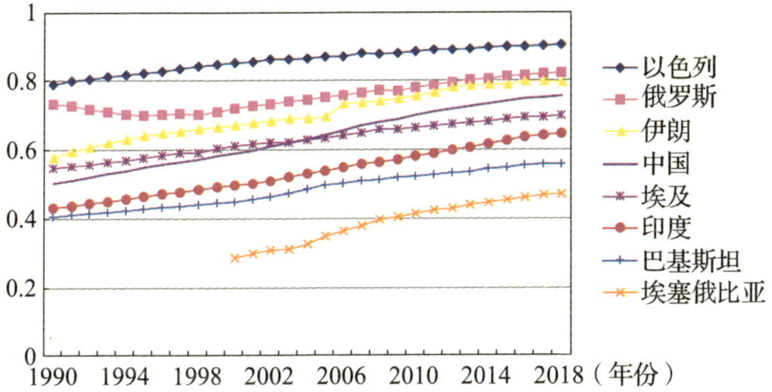

图 11-5　1990—2018 年部分国家人类发展指数变化趋势

数据来源：UNDP, Human development reports, http://hdr.undp.org.

教育是发展的基础。以 15 岁以上人口的识字率来看，2015 年，中国已达到 96% 以上，与发达国家几乎无差距，但多数“一带一路”沿线发展中国家的这一比例仍不足 80%，甚至更低（见图 11-6）。中国推动“一带一路”产业合作与发展的同时，仍会承担自己应有的责任，在合作中推动沿线国家或地区的全面发展，以促进共同进步。

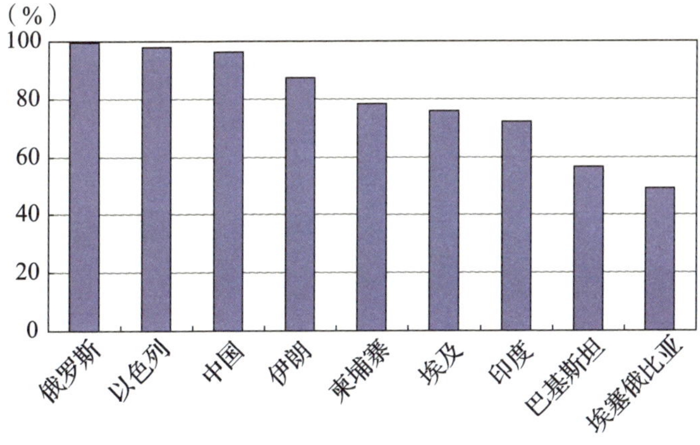

图 11-6　2015 年部分国家 15 岁以上人口识字率

数据来源：UNDP, Human development reports, http://hdr.undp.org.

后　记

一直以来都有一个愿望，就是想用数字来解读中国。新中国成立 70 多年来，我国经济建设取得了巨大成就，使中国成为巍然屹立于世界东方的社会主义大国；改革开放 40 多年来，我国经济发展创造了举世瞩目的奇迹，中国一跃成为世界第二大经济体；党的十八大以来，我国经济社会发展取得了历史性成就，实现了历史性巨变。这些成就记录着中国人民在中国共产党领导下的伟大奋斗历程。这就是我们撰写这本书的初衷。

本书自 2013 年开始起意，经过了多轮调整和斟酌。其间，刘开沂、陈丽、叶银丹参与了前期的分析工作，叶银丹、林彩密、王祎帆、刘漩参与了数据更新，陈健参与了组织协调工作，在此一并致谢！

同时，也要感谢中国人民大学出版社副社长郭晓明编审对本书写作工作的帮助，感谢牛晋芳编审和马海英编辑认真细致的工作。

在本书成书之时，恰逢国家统计局－中国人民大学数据开发中心启动运行。作为中心的工作人员，我们希望借助这一平台，推动我国政府统计微观数据的开发和利用，提升公众的数据科学素养，引导大众关注、理解和参与数字解读中国事业。

作者

2020 年 10 月

图书在版编目（CIP）数据

数字解读中国：中国的发展坐标与发展成就 / 贺耀敏，甄峰著．-- 北京：中国人民大学出版社，2021.1
（“认识中国·了解中国”书系）
ISBN 978-7-300-28661-7

Ⅰ．①数… Ⅱ．①贺… ②甄… Ⅲ．①中国经济－经济发展－研究 ②社会发展－研究－中国 Ⅳ．① F124 ② D668

中国版本图书馆 CIP 数据核字（2020）第 255212 号

国家出版基金项目
“十四五”时期国家重点出版物出版专项规划项目
“认识中国·了解中国”书系
数字解读中国
中国的发展坐标与发展成就
贺耀敏　甄　峰　著
Shuzi Jiedu Zhongguo

出版发行	中国人民大学出版社		
社　　址	北京中关村大街 31 号	**邮政编码**	100080
电　　话	010－62511242（总编室）		010－62511770（质管部）
	010－82501766（邮购部）		010－62514148（门市部）
	010－62515195（发行公司）		010－62515275（盗版举报）
网　　址	http://www.crup.com.cn		
经　　销	新华书店		
印　　刷	北京联兴盛业印刷股份有限公司		
规　　格	148mm×210mm　32 开本	**版　　次**	2021 年 1 月第 1 版
印　　张	5.5 插页 2	**印　　次**	2022 年 4 月第 5 次印刷
字　　数	117 000	**定　　价**	48.00 元

“认识中国·了解中国”书系

中国智慧：十八大以来中国外交（中文版、英文版）　金灿荣
中国治理：东方大国的复兴之道（中文版、英文版）　燕继荣
中国声音：国际热点问题透视（中文版、英文版）
　中国国际问题研究院
大国的责任（中文版、英文版）　金灿荣
中国的未来（中文版、英文版）　金灿荣
中国的抉择（中文版、英文版）　李景治
中国之路（中文版、英文版）　程天权
中国人的价值观（中文版、英文版）　宇文利
中国共产党就是这样成功的（中文版、英文版）　杨凤城
中国经济发展的轨迹　贺耀敏
当代中国人权保障　常　健
当代中国农村　孔祥智
教育与未来——中国教育改革之路（中文版、英文版）
　周光礼　周　详
当代中国教育　顾明远
全球治理的中国担当　靳　诺　等
中国道路能为世界贡献什么（中文版、英文版、俄文版、
法文版、日文版）　韩庆祥　黄相怀
时代大潮和中国共产党（中文版、英文版、法文版、
日文版）　李君如
社会主义核心价值观与中国文化国际传播　韩　震

我眼中的中韩关系　［韩］金胜一
中国人的理想与信仰（中文版、英文版）　宇文利
改革开放与当代中国智库　朱旭峰
当代中国政治（中文版、英文版）　许耀桐
当代中国社会：基本制度和日常生活（中文版、英文版）
李路路　石　磊　等
国际关注·中国声音（中文版、英文版）　本书编写组
中国大视野 2——国际热点问题透视　中国国际问题研究院
中国大视野——国际热点问题透视　中国国际问题研究所
构建人类命运共同体（修订版）　陈　岳　蒲　傅
新时代中国声音：国际热点问题透视　中国国际问题研究院
中国生态文明新时代　张云飞
当代中国扶贫（中文版、英文版）　汪三贵
当代中国行政改革　麻宝斌　郝瑞琪
当代中国文化的魅力　金元浦
城镇化进程中的中国伦理变迁　姚新中　王水涣
数字解读中国：中国的发展坐标与发展成就（中文版、英文版）
贺耀敏　甄　峰
中国改革和中国共产党　李君如
中国经济：持续释放大国的优势和潜力　张占斌
对话中国（中文版、英文版）　本书编写组
中国的持续快速增长之道　［巴基］马和励
中国新时代(中文版、英文版)　辛向阳
中国之治的制度密码　靳　诺　刘　伟
民族复兴的制度蓝图　靳　诺　刘　伟
中国之治：国家治理能力和治理现代化十五讲　杨开峰等